浙江金融职业学院省重点高职院校建设成果

朋辈文化塑造品质学子研究

钱利安　熊秀兰　著

九州出版社
JIUZHOUPRESS

图书在版编目（CIP）数据

朋辈文化塑造品质学子研究 / 钱利安，熊秀兰著.
—北京：九州出版社，2019.12

　　ISBN 978-7-5108-8874-8

　　Ⅰ.①朋… Ⅱ.①钱… ②熊… Ⅲ.①大学生－思想
政治教育－研究－中国 Ⅳ.①G641

中国版本图书馆CIP数据核字（2020）第 013087 号

朋辈文化塑造品质学子研究

作　　者	钱利安　熊秀兰　著
出版发行	九州出版社
地　　址	北京市西城区阜外大街甲 35 号（100037）
发行电话	（010）68992190/3/5/6
网　　址	www.jiuzhoupress.com
电子信箱	jiuzhou@jiuzhoupress.com
印　　刷	北京虎彩文化传播有限公司
开　　本	710 毫米 × 1000 毫米　　16 开
印　　张	12.75
字　　数	225 千字
版　　次	2020 年 3 月第 1 版
印　　次	2020 年 3 月第 1 次印刷
书　　号	ISBN 978-7-5108-8874-8
定　　价	59.00 元

前　言

随着 2002 年我国进入高等教育大众化阶段，如何确保大学生人才的质量，引起了国家与社会的高度关注。面对在校大学生规模的日益扩大，高校如何有效地加强对大学生管理和保证高质量教育，已成为学校、家长、学生及社会所共同关心的问题，尤其是如何加强对大学生的思想政治教育，采用更加有效、新颖的、可持续的思想政治教育手段与方法、载体，成为高校思想政治教育界及高校学生管理部门关注的焦点和现实的关切。2004 年 10 月，中共中央、国务院专门出台了《关于进一步加强和改进大学生思想政治教育的意见》，足见中央对大学生思想政治教育的高度重视，其中还特别强调"要坚持教育与自我教育相结合。既要充分发挥学校教师、党团组织的教育引导作用，又要充分调动大学生的积极性和主动性，引导他们自我教育、自我管理、自我服务"。希望高校师生能共同结合自身的办学特点、人才培养模式、教育教学实践为大学生思想政治教育的创新提供好的思路、方法、途径与载体。

在如何更好开展教育和大学生自我教育的思想政治育人活动方面，这些年来各高校在育人的实践中与时俱进，不断创新，进行了各种有益的尝试与探索。朋辈互助育人也是在这样的创新育人背景下诞生、发展的高校育人新模式，由于当代大学生个性明显、价值多元，在他们身上时代特征十分明显，既各有各的优点与特长，也有各自的弱点与不足，通过向身边的同学学习、相互取长补短、提升自我，因此，朋辈互助育人既是大学生自我成长和发展的内在需要，也是高校校园育人文化适应新时代和社会发展的客观要求，更是高职教育人才培养目标的根本要求。

2005 年，随着招生人数的迅速扩大，浙江金融职业学院金融系（2017 年起改名为金融管理学院）率先在省外学生、学生党员群体间尝试朋辈互助育人模式，取得了较好的育人效果后逐步推广至其他类别的学生,从朴素、零星、自发的学生互帮互助发展到日益规范、针对性强、系统化的朋辈互助育人,经过十多年的不断探索与实践完善,其体系、组织架构亦日渐完整,并制定、完善了一系列朋辈互助育人的规章制度,搭建了丰富的朋辈互助育人平台和载体,开展了一系列朋辈互助育人活动,营造了良好的朋辈互助育人氛围,形成了具有较浓厚特色的朋辈互助育人文化,培养了一批又一批中国特色社会主义合格建设者和可靠接班人,彰显了朋辈育人文化的良好成效。

为认真总结金融管理学院朋辈互助育人模式十多年来的实践探索历程及育人成果,更好、有效地推进朋辈互助育人项目,我们于2016年始着手准备、收集、提炼、总结相关材料以及前期研究的相关理论成果,朋辈互助育人项目曾是2018年教育部人文社会科学研究规划基金项目"中国高职院校文化育人研究"的子课题,同时也是学校"千日成长育人工程"的子项目,又是2016年学校文化建设专项建设重点课题,也是2015年教育部职业技术教育中心研究所、中国职业技术教育学会的立项课题等,获得过学校育人成果一等奖等,把以上理论研究与实践探索梳理成册,以供今后更好地开展育人工作提供理论指导。本书分为上篇和下篇两大部分,上篇主要介绍金融管理学院所形成的"朋辈互助育人文化",共有五章,即第一章主要阐述朋辈互助育人所蕴含的思想和基本育人理念;第二章介绍了高校基层党总支引领朋辈互助育人的必要性及基本路径、载体;第三章介绍了金融管理学院开展朋辈互助育人的主要载体——朋辈讲堂,包括学长讲堂、班级朋辈讲堂、校际间干部朋辈讲堂、校友讲堂等;第四章主要介绍我们开展朋辈互助育人的五大载体:银雁班、学生党员之家、技能强化训练营、大学生社会实践和教学楼宇文化等。第五章主要介绍了我们通过学生党员、团学干部、班干部朋辈互助育人的具体做法。下篇主要是介绍育人成果,共四章,主要结合培养大学生德、智、体、美、劳全面发展的人才要求,我们按照年份整理编制了近五年来学院的国家奖学金获得者、十佳大学生的材料及部分获得省市级以上的荣誉进行了撰写,作为典型以供更多的大学生学习、分享。

中共中央总书记习近平在2016年全国高校思想政治工作会议上说:"只有培养出一流人才的学校才是一流的学校",浙江金融职业学院作为全国示范性高职院校、浙江省重点名优高职校,我们有责任和义务为国家、社会和行业培养一大批优秀人才,近五年来金融管理学院的毕业生就业率始终保持在98%以上,所培养的毕业生受到行业的高度认可与欢迎,家长对学校办学满意度也十分理想。站在新时代的历史方位,我们将不忘育人初心,坚持立德树人,继续深入推进朋辈互助育人，让更多的金院学子在金融管理学院健康成长、优质成才、精神成人，为学校建设新时代高职教育标杆校而不懈奋斗！

该书完成之际非常感谢各位课题组成员的积极参与！衷心感谢各位金融管理学院学生工作线上的辅导员、班主任和学生干部及朋辈互助育人的主体！衷心感谢各位曾在金融管理学院学生工作线上奋战过的领导、同仁！感谢学校科研处各位领导、干部的悉心帮助！也感谢同学们的大力支持与配合！感谢幸福的金融管理学院大家庭！本书的编撰出版是金融管理学院作为学校建设浙江省重点名优高职校的阶段性成果之一，也谨以此书向我们伟大的中华人民共和国成立70周年献礼！

由于作者水平有限，书中定有欠缺和不当之处，恳请各位大家赐教与批评指正！

钱利安　熊秀兰

2019年4月18日于杭州

目　录

上　篇

下　篇

上　篇

引言——朋辈互助育人文化

朋辈互助育人是随着高等教育大众化而产生的一种高校学生管理和育人方式，主要是以各种大学生朋辈活动为载体，通过不同类别大学生朋辈之间的互相帮助、互相学习、互相借鉴，达到提升学生的多种能力与综合素养，真正实现助人——互助——自助的教育目标；同时积极培养学生团结友爱、无私奉献、互帮互助的团队合作精神。2005年，金融系在省外学生、学生党员群体间率先尝试朋辈互助育人，取得了较好的育人效果后逐步推广至其他类别的学生，从朴素、零星、自发的学生互帮互助发展到日益规范、针对性强、系统化的朋辈互助育人，其管理体系、组织架构亦日渐完整，并制定、完善了一整套朋辈互助育人的规章制度，搭建了丰富的朋辈互助育人平台和载体，开展了一系列朋辈互助育人活动，营造了良好的朋辈互助育人氛围，形成了具有较浓厚且有金融特色的朋辈互助育人文化，培养了一批又一批有中国特色的社会主义合格建设者和可靠接班人，彰显了朋辈育人文化的良好成效。

第一章
思想引领：朋辈互助育人

本章主要介绍了朋辈互助育人思想的由来，阐释了朋辈、朋辈互助概念的基本内涵，并简析了作为现代高等教育育人模式所蕴含的育人思想与理念，以更好地了解高校开展朋辈互助育人的初始背景和文化内涵。

第一节　朋辈互助育人的由来和内涵

本节主要从"朋辈互助育人的思想由来，朋辈互助育人的基本概念、内涵、特点和缘起的背景及其在高校运用的简要发展历程"进行阐述。

一、朋辈互助育人的思想源头——三人行必有我师

有关朋辈互助育人的思想可追溯到春秋时期，我国古代思想家、教育家、儒家学派创始人孔子，子曰："三人行，必有我师焉，择其善者而从之，其不善者而改之"，简明且全面地道出了向朋辈学习的重要性、必要性，应该说朋辈教育的思想源远流长。随着我国高等教育的大众化发展，大学生人数规模不断扩大，且当代大学生个性明显、价值多元，在他们身上时代特征十分明显，既各有各的优点与特长，也有各自的弱点与不足，通过向身边的同学学习、相互取长补短，来提升、完善自我，这既是大学生自我成长、自我发展的内在需要，也是高校校园育人文化适应时代发展的客观要求，更是高职教育人才培养目标的根本要求。

二、朋辈互助的缘起与内涵

（一）朋辈互助的缘起[①]

朋辈互助的雏形可追溯到 18 世纪末，英国的贝尔和兰卡斯推广的导生制，当时的主要措施是教师首先对从高年级优秀生中挑选出少数监督助教和必要数量的教学助教进行特别的训练，然后让他们分担监督儿童的工作，帮助教师开展教学与训练。1797 年这种方法首先在罗马天主教堂试行，然后在公立学校得以推广。到了 20 世纪 60 年代美国的心理咨询机构普遍存在专业咨询人员缺乏的现象，那些接受过半专业训练的人员逐渐受到重视；60 年代中期开始，一些学者开展了学生学业朋辈咨询，取得了较好的成效；70 年代初期，汉姆博格等在美国加利福尼亚州发起了朋辈咨询运动，之后朋辈咨询运动得到推广，朋辈咨询逐渐被大家熟悉和认可；80 年代，朋辈教育在西方被最广泛运用在健康教育领域，并形成"同伴教育"，其在预防艾滋病、性传播及安全性行为的实践成效也得到了广泛认可。

朋辈辅导最早在 20 世纪 90 年代英国牛津大学施行，尽管历经了一些曲折，但现在这一工作模式已得到师生的认可；台湾和香港在此期间也开展朋辈互助教育，香港有"朋辈辅导计划"和"学长计划"来帮助同学适应学习、生活与各项活动。国内高校于 21 世纪初开始探索朋辈互助育人模式，最初应用于大学生的心理辅导，随着教育效果的逐渐显现，迅速扩大应用到大学生专业学习、思想教育、社团活动等各个领域。浙江金融职业学院金融系于 2005 年尝试进行朋辈互助育人，是国内较早探索这种育人模式的大专院校之一，经过十多年朋辈互助育人理论与实践的探索、改进与完善，已形成了具有自身特色的朋辈互助育人模式。

（二）朋辈互助的内涵

（1）"朋"字最早见于远古时代的象形文字甲骨文，在青铜器铭文中常常可以见到"贝五朋"类的句子，即"五贝"为一朋，表明古时"朋"是一种货币衡量单位，这与我们金融系学子在传承金融专业文化上有着一定的联系；"朋"的第二个含义为同学。君子以朋友讲习。——《易·兑》。孔颖达疏："同门曰朋，同志曰友。"根据隶定字形解释则"朋"的第三个含义为朋友，"二肉相并之形"表示

---

① 宋玲.朋辈教育在我国高校德育中的运用研究［D］.上海交通大学，2011：15–17.

"身体挨着身体",即为"二人相与为友""同类相好"①。文中所表达的"朋"是指第二、第三层含义。

（2）"辈"字本义为百辆车，若军发车，百辆为辈②。——东汉·许慎《说文》；"辈"的第二个含义是指群、队，某类人，吾辈处今日之中国。——清·林觉民《与妻书》；"辈"的第三个含义是指世、辈分，古人不可见，前辈谁复继？——杜甫《赠李邕》；"辈"的第四个含义是指比，光武仁义，图王之主也；宣帝刑名，图霸之主也，今以相辈，恐非其俦（《长短经》）。文中所采用"辈"是指第二含义的某类人。

（3）"朋辈"是指同辈的友人；志同道合的友人。忍看朋辈成新鬼，怒向刀丛觅小诗（鲁迅《为了忘却的记念》）③。

（4）"朋辈互助"：朋辈互助又称朋辈教育，是指具有相同背景或由于某种原因使拥有共同语言的同辈人在一起分享感受、观念或行为技能，通过同辈间的榜样示范、情感浸染、观念熏陶，使受教育者（同辈）掌握学习方法、习得专业技能、转变思维方式、提高思想认识，从而得到了超脱于课堂外的教育。简言之，朋辈互助育人以同辈间的教育力量实现教育目标的一种手段，其本质是教育方法。

三、结语

朋辈互助育人的思想源头可追溯到我国古代教育家孔子，目前的朋辈互助育人是由18世纪英国的导生制演变而来，是现代高校管理和育人的一种创新模式，更加注重发挥学生的主动性和能动性，更加注重学生的主体性，更加注重培养学生的自我管理、自我教育与自我服务能力，有利于学生自我提高、自我完善和自我拓展。

第二节　朋辈互助育人蕴含的基本教育理念

本节主要梳理了朋辈互助育人所蕴含的基本教育理念，以提高对朋辈育人的

---

① 王同忆.语言大词典［M］.海口：三环出版社，1990：2590.
② 王同忆.语言大词典［M］.海口：三环出版社，1990：2590.
③ 辞海编辑委员会.辞海［M］.上海：上海辞书出版社，1999：5675.

思想认识及其基本机理，以期在朋辈互助育人的实践活动中取得更好的育人效果，真正体现出朋辈互助育人的特色、优势。

一、朋辈互助育人：新时期大学生成长成才的客观需要

2002年随着我国进入高等教育大众化阶段，如何确保大学生人才质量的培养，也引起了国家与社会的高度关注，尤其是如何加强对大学生的思想政治教育，开展采用更加有效、新颖的、可持续的思政政治教育手段与方法，搭建更加受学生喜爱的活动载体、活动平台，成为高校思想政治教育界及高校学生管理部门关注的焦点。2004年10月，中共中央、国务院专门出台了《关于进一步加强和改进大学生思想政治教育的意见》，足见中央对大学生思想政治教育的高度重视，其中特别提到了"要坚持教育与自我教育相结合。既要充分发挥学校教师、党团组织的教育引导作用，又要充分调动大学生的积极性和主动性，引导他们自我教育、自我管理、自我服务"[1]。希望师生能共同为大学生思想政治教育的创新提供好的思路与方法。就如何开展教育和大学生自我教育的思想政治育人活动，各高校在育人的实践中与时俱进，不断创新，进行了各种有益的尝试与探索，朋辈互助育人就是在这样创新育人方法与手段背景下诞生的高校育人模式，从朋辈互助育人实践及理论研究中充分认识和理解其所蕴含的教育思想与教育理念，发挥好各种教育思想和理念在朋辈互助育人的指导价值和作用，将会更好地助推朋辈互助育人的实践运行和效果。

"理论只有彻底，才能被群众掌握，才能说服人，才能成为强大的指导力量"，以下阐述旨在探析朋辈互助育人所蕴含的基本教育理念，以更好地运用朋辈互助育人的方法。

二、朋辈互助育人的基本特点

朋辈互助育人是指教育者有计划、有目的、有组织地挑选并培训与受教育对象年龄层次相近、文化背景趋同、成长经历相似的大学生或毕业优秀校友，通过实践指导、谈心谈话等形式实现经验分享、能力培养，从而帮助受教育者认识自我、改进自我、提升自我的一种教育方式[2]。

朋辈互助育人的特点：①充分体现了同学们乐于助人、积极奉献、团结友爱、

---

① 中共中央、国务院.关于进一步加强和改进大学生思想政治教育的意见（中发〔2004〕16），2004.

② 潘爱华.朋辈教育模式在高校思想政治教育中的实践［J］.学校党建与思想教育，2011（7）.

热爱集体的良好思想品德；②改变了传统的由教师单向传授的教育缺陷，能实现信息沟通的双向性；③由于是朋辈群体，共同的学习、生活、休闲等活动，使教育更具潜移默化性、更具可持续性；④增加了育人主体，使教育更具针对性、实效性、广泛性；⑤朋辈的成功与示范，使受教育者更具学习的动力和信心；⑥注重了学生自我教育、自我管理、自我服务的能力发展；⑦凝聚着教师指导的智慧，体现教育的思想性。

这里所讲的朋辈互助育人与日常同学之间互帮互助的区别在于：①有老师的具体指导，活动具有思想性、教育性；②活动有完整的计划性；③育人主体的选择性并经过规范化培训，具有一定的育人技巧和能力。

按照以上朋辈互助育人的基本内涵与特点，根据朋辈互助育人的实践效果，我们反观、分析其所蕴含的教育思想与教育理念，更有利于我们提高对朋辈互助育人工作的理性认识，便于更好地指导朋辈互助育人的具体实践，这符合马克思主义关于从实践到认识，再从认识到实践的认识论思想规律。

三、教育理念的概念与内涵

理念通常是指人们对于某一现象或事物的理性认识、理想追求及其所形成的观念体系[①]。教育理念则是指人们对于教育现象或教育活动的理性认识、理想追求及其所形成的教育思想观念和教育哲学观点，是教育主体在具体的教育实践、思维活动及文化交流、长期积淀中所形成的教育价值取向与追求，是一种具有相对稳定性、延续性和指向性的教育认识和理想的观念体系。

先进的教育理念[②]是指符合教育的本质与发展规律，强调以学生为中心，满足学生成长成才的需要，促进学生全面和谐发展为导向的教育理念。作为一种认识，教育理念来自教育实践，先进的教育理念来自人们经过教育实践的检验蕴并含着国家教育方针、体现以学生为中心、立德树人、符合教育发展规律、实践创新的育人理念。每个教育活动均有它自己所遵循的教育理念和价值追求，朋辈互助育人同样也不例外，以下是对朋辈互助育人活动中所蕴含先进教育理念的具体分析：

---

① 韩延明.理念、教育理念及大学理念探析［J］.教育研究，2003（9）.
② 申作青.论大学先进教育理念的内涵与价值［J］.浙江工商大学学报，2010（7）.

四、朋辈互助育人中蕴含的先进教育理念

（一）朋辈互助育人充分彰显了"以生为本"的教育理念

联合国教科文组织于 1998 年在巴黎召开的世界高等教育大会上提出了"以学生为中心"的教育思想，并积极倡导各个高校要努力施行"以学生为中心"的办学理念[①]。"以生为本"的教育思想在教学上突出了学生的主体地位，在学校的发展上抓住了事物发展的主要矛盾——学生的优质成才和健康成人是学校所有改革的终极目标，在管理上更加注重对学生不同需要的满足与实际问题的解决。所谓的"一切为了学生、为了一切学生、为了学生的一切"的学校工作理念，就是对"以生为本"教育思想具体的、真实的写照。在高等教育大众化的今天，如何把高校办成人民满意、社会认可、家长放心的育人高地，真正使大学生有更多的获得感、成就感，获得知识、技术、技能、精神上多层次的发展，真正把他们培养成为中国特色社会主义的可靠接班人和合格建设者。作为高等学校教育，首先在理念上要坚持"以生为本"，认真思考学生的所思所想所需，并制订科学合理的育人规划，在行动上要认真贯彻国家的教育政策与方针，并扎扎实实地开展教学、管理和育人工作，当然在育人及管理上更要有贴近学生、符合学生成长成才实际需要的模式、方式。

朋辈互助育人是学生朋辈间互助的教育活动，强调学生的主体作用、满足学生主体需求，经过老师的精心组织与设计并在具体的指导下开展的、为使更多大学生受益的系列育人活动，通过优秀朋辈的引领与示范，带领全体同学同进步、共发展，育人的主体与客体均是学生，开展活动的目的性非常明确就是为了全体同学的共同进步、提高与发展；通过一系列朋辈育人活动，对大学生在学习、工作、生活、就业、社交中所面临的问题、碰到的难题、遇到的困惑，进行认真地解决、解答和热心地帮扶及认真地指导，以促进大学生健康地成长，快速、优质的成才，全面的成人，这充分彰显了替学生着想、为学生排忧解难的"以生为本"教育思想。

（二）朋辈互助育人是开展"以德育人"教育理念的良好平台

道德是社会或群体对个人的规范与要求，是人的精神核心，指导着人们的言

---

① 李瑞贵.高校"以学生为中心"教育理念的理论意义及实施策略［J］.黑龙江高教研究，2009（8）.

行。德育是各育之首，坚持"以德育人"教育理念，是弘扬社会主义核心价值观，传承中华优秀传统文化，培养社会主义可靠接班人和合格建设者的重要保证，也是各个高校坚持社会主义办学方向所选择的先进教育理念。以德育人[①]是指用人类先进的思想和道德规范人和培养人，人类先进文化包括先进的思想道德和科学文化两个部分，其中思想道德规范着人类整个文化的性质和方向，是先进文化的核心，而科学文化则是文化先进性多层次的载体。以德育人不仅要坚持传统的课堂教学阵地向学生传授思想道德理论知识，提升学生的理性认知，更重要的是在于通过实践活动，真正把先进的思想道德规范融入人的具体行动中，实现内化于心外化于行的道德教化。

朋辈互助育人活动的核心价值观是乐于助人、积极奉献、团结友爱、热爱集体，传承着"己欲立而立人，己欲达而达人"的我国古代仁者爱人的传统美德，传递的是先进的成长成才理念与具体科学的学习手段与方法、健康的生活理念与规范的社交礼仪与技巧，朋辈互助育人完全符合道德教化的内涵与要求，通过这些实践活动使同学们懂得学会关心他人、帮助他人、成就他人，学会关心集体、爱护团队、贡献集体的重要与价值，懂得人之为人的良好道德品格，朋辈互助育人是当代大学生切实践行中国社会主义核心价值观和优秀传统文化教育的良好路径与载体，十分有利于提升大学生的思想道德素质与人文素养。

（三）朋辈互助育人是施行"实践育人"教育理念的重要载体

实践是人类认识世界与改造世界最基本的手段与途径。所谓实践育人[②]是指通过有目的的实践活动建立起学生与客观世界的联系，在实践过程中提高知识水平、提升思想道德素质的教育活动。实践育人理念的提出是基于人们对马克思主义实践观、教育教学规律和人才培养的内在规律而形成的一种先进教育理念。

实践育人是提高大学生人才质量的必要手段与途径，有利于增强大学生的实践能力，有利于培养大学生实践探索创新的精神，有利于增进大学生的社会责任感和服务贡献国家的意识，有利于提高大学生理论联系实际的能力。党和国家十分重视实践育人工作，为进一步推进实践育人理念和实践育人工作的落实，教育部、财政部等相关部门于 2012 年 1 月联合发布《关于进一步加强高校实践育人工

---

① 周建胜."以德育人"中的文化意识［J］.成都大学学报，2001（4）.
② 宋王君.论实践育人理念在高等教育中的实施［J］.思想教育研究，2012（7）.

作的若干意见》（教思政［2012］1号）①，如何就做好实践育人工作进行了全面部署，并对实践育人的基本内容进行了明确，主要包括实践教学、军政训练、社会调查、公益活动、生产劳动、志愿服务、科技发明以及勤工助学等各种类型的实践活动。

朋辈互助育人活动作为高校育人和管理的重要模式，其内容既有实践教学中朋辈互助的模拟实训、专业技能训练、朋辈教官的军事训练、素质拓展活动，又有朋辈志愿者共同承担的"三下乡"（科技、文化、艺术）、"四进社区"（科教、文体、法律、卫生）等公益志愿活动，更有朋辈互助共同完成的社会实践调查、专业实习，还有校内外勤工俭学和公益劳动、实践服务等活动，使大学生真正懂得"纸上得来终觉浅，绝知此事要躬行"的道理。因此，朋辈互助育人活动是高校贯彻国家所倡导"实践育人"理念的重要载体，在朋辈互助育人活动中，加强大学生实践能力的锻炼和培养，有利于大学生综合素质和社会服务能力的提高，并最终体现出大学生面向社会、服务社会、回报社会的个人价值。

（四）朋辈互助育人是对实施"三全育人"教育理念的拓展

"三全育人"教育理念②是一个全面、系统的育人指导思想与原则，一般是指全员育人、全程育人、全方位育人，旨在通过加强各方的育人力量与资源，齐抓共管，形成强大的育人合力，以期取得十分理想、明显的育人成效，促进大学生素质的全面发展和能力的全面提升。

传统的全员育人在育人的主体上主要是指学校教师、行政管理干部、工人等教职工群体，并没有把学生自身列入育人主体，而朋辈互助育人则拓展了高校的育人主体，把优秀的大学生朋辈群体（学生干部、学生党员、学习标兵、技能尖子、社会实践能手、优秀的校友、学生社团组织骨干）吸收到育人队伍中来，增强了高校育人的力量；朋辈互助育人整体设计的完整性和计划性，使得朋辈互助育人活动贯穿大学生学习生涯的全过程，从新生入学到毕业离校，使大学生从一名学生成为一个合格的职业人，朋辈互助陪伴着大学生不断进步与发展；朋辈互助育人因育人主体与受教育主体之间在学习、生活及文化背景的相似性，使育人活动的时空更加广阔，除了学习、工作外，还拓展到了大学生日常的生活、交流、社交、休闲等各个方面，全方位提升了大学生的综合素质与修养。朋辈互助育人

---

① 教育部等.关于进一步加强高校实践育人工作的若干意见（教思政［2012］1号），2012（1）.
② 范小凤.论新时期高校"三全育人"德育模式及其运作机制［D］.华东师范大学，2011（4）.

活动给传统的"三全育人"赋予了更多的内涵，也是高等教育在新的时代背景下对"三全育人"的积极创新与拓展，旨在更好地发挥大学生自我教育、自我管理、自我服务的能力与潜力。

五、结语

朋辈互助育人作为新时代高职育人和管理的创新手段与方法，其活动内容丰富，形式多样，在教育心理学上有心理趋同等自身的优势，同样在教育思想上也蕴含着"以生为本""以德育人""实践育人""三全育人"等一系列先进的育人理念。因此，在具体的朋辈互助育人实践中，需要更加明确体现这些先进教育理念在活动中的指导性、科学性，使朋辈互助育人活动的主题更加突出、实际效果更佳，更好地提升高校育人和管理的水平与人才培养质量。

第三节 "层级化"朋辈互助育人的理论与实践

本节主要就"层级化"朋辈互助育人模式进行了阐释，认为朋辈互助育人要结合高职教育人才培养的目标、学校人才培养的设计路径、专业教学人才培养方案及大学生自我成长成才的内在需要，整合不同的朋辈互助育人资源，按照"层级化"方式，针对不同阶段学生的实际需要有序推进，并对金融管理学院三年不同层级学生的朋辈教育实践进行了介绍。

一、高职院校开展"层级化"朋辈互助育人的基本理论诉求

（一）高等职业教育人才培养目标的需求

高等职业教育的人才培养目标是培养拥护党的基本路线，适应生产、建设、管理、服务第一线需要的，德、智、体、美等方面全面发展的高等技术应用性专门人才[1]。高职院校开展朋辈互助育人不能偏离最终的人才培养目标，有别于普通高校的人才培养目标，要体现出高职院校的育人特色和不同层级学生的需要。

---

[1] 中华人民共和国教育部高等教育司，全国高职高专校长联席会.教学相长——高等职业教育教师基础知识读本［M］.高等教育出版社，2004.

（二）学校人才培养路径的设计要求

不同的高职院校对在校学生均有各自不同学科人才培养的总体设计与方案。浙江金融职业学院根据自身的办学特色与成功经验，形成了大学生人才培养的基本方略，即"一年级夯实基础学科使学生成为金院学子；二年级强化专业素养使学生成为精于专业的系部学友；三年级掌握行业发展方向和职业基本要求使学生成为行业学徒"，从总体上明确了学校培养学生的成长方向和不同年级学生的学习目标。学校人才培养路径的"层级化"特征十分清晰、明确。

（三）二级学院专业教学培养方案的实际需要

作为学校的二级院在从才培养上会按照学校的总体设计要求，结合专业特点和行业、职业发展的要求制定出更加详细的教学培养方案，做到人才目标培养更有针对性、可行性、职业性。经过多年的教学积累与校企合作经验，形成了金融管理学院专业教学人才培养方案基本框架：即对一年级学生开设校本课程和学生综合素质类为主的课程；给二年级学生开设学院特色课程，且不同专业结合自身专业特点开设 2 ～ 3 门的特色课程，在此基础上加大专业课程与考证、考级的融合力度，提升学生各级各类从业资格考试的通过率，如提高银行、会计、外汇从业、证券投资从业人员资格考试通过率，以凸显金融管理学院的专业特色；对三年级学生则以"就业为导向"，按照学生的就业、创业方向，面向证券、会计、保险期货和中小企业岗位及职业能力的要求进行课程重构，打通专业的界线，开展个性化的培养与指导。以此开展教、学、做立体化、互动式教学，不断完善并促进金融管理学院人才培养模式的最优化设计，金融专业人才培养目标的"层级化"特点非常明晰，作为第二三课堂的朋辈互助育人要充分体现专业教育教学的基本要求。

（四）大学生自我成长发展的内在需要

马斯洛需要层次理论认为，人处在不同的发展阶段和不同的发展时期，对生理需要、安全需要、归属与爱的需要、尊重需要和自我实现需要也各不相同。作为高职大学生由于成长环境的差异、文化背景的不同及其所学专业的不同，他们在不同年级的学习阶段所关注的问题和所要得到满足的要求均会有所不同[1]，因

---

① 宋玲.朋辈教育在我国高校德育中的运用研究［D］.上海交通大学，2011（12）.

此，高职朋辈互助育人只有遵循大学生成长成才的发展规律，进行科学地安排，系统地策划，分层有序地推进，才会在实践中能提升朋辈互助育人工作的针对性、可行性与实效性。

基于以上的思考与分析，结合服务育人与管理育人相结合的学生工作思路，我们在开展朋辈互助育人时进行了以下"层级化"的实践探索。

二、高职院校开展"层级化"朋辈互助育人的实践探索

（一）分设不同类别的朋辈互助育人小组

按照人尽其才，物尽其用的原则，结合专业对口、工作归口的学生服务与管理现状，有相应的教师或辅导员担任不同类别朋辈互助育人小组的指导教师，体现教师或辅导员的专业性和发挥丰富的育人工作经验，对朋辈互助育人活动的计划安排给学生并予以策划指导及实践培训，做到朋辈互助育人计划的可行性和实践的可操作性、针对性及朋辈互助育人主体的可靠性。

（二）"层级化"朋辈互助育人的实践探索

高职院校三年制已从时间上给了大学生学习生活的层级划分，三年内要完成从一个普通意义上的学生向职业人的蜕变，每一年级的任务与目标应该说清晰可见[①]。朋辈互助育人应该坚持为每个大学生实现这个华丽的转身而进行全心全意地服务、管理与教育，按照一二三年级不同学生的特点与需求，在朋辈互助育人中我们做了以下的探索：

（1）一年级高职大学生的朋辈互助育人活动。作为一名新大学生，他们对大学的一切都感到陌生和新鲜，他们需要尽快地去适应，包括学习、生活、社交，甚至是休闲娱乐活动等。因此，开展熟悉大学学习、生活、社交的朋辈互助育人活动应是十分迫切和必需的。从新生报到开始我们就把朋辈互助育人活动融入其中，在班主任、辅导员老师的指导下由班主任助理负责开展迎新生送温暖活动，由朋辈大学生帮助接站、办理报到手续及寝室入住；开展朋辈互助育人——大学学习特点介绍会，引导新生如何适应大学里的学习；朋辈互助育人——校园文化介绍活动，让新生及时了解学校的历史与文化；开展朋辈互助育人——专业情况介绍会，帮助新生对所有专业有一个全面的了解；提供大学生朋辈互助育人

---

① 管小青，廖建尚.浅谈高职朋辈教育体系的构建［J］.高等职业教育—天津职业大学学报，2008（12）.

载体——心理咨询热线、开展朋辈互助育人——学生规章制度学习指导交流会，使新生尽快适应大学的生活；通过一系列朋辈互助育人活动，使新同学们愉快地开始大学的学习生活。当大多数新生真正进入正式的大学生活后（大约需要两个月时间），再开展朋辈互助育人——学习尖子生经验分享交流会，懂得如何抓好学习，以进一步提升新生的学习效率，各社团朋辈互助育人——纳新招聘会，让新同学参加社团活动以丰富大学的业余生活、展示其个性与特长。结合传统的节日开展朋辈互助育人——联谊会、主题班会，促进同学之间的相互了解，增进友谊，增强班级及各个团体的凝聚力。这一阶段朋辈互助育人活动的目标是把大学生培养成一个自信、乐观、阳光、进取、善于学习的合格学子。为提高这阶段朋辈互助育人活动的有效性，这阶段对新生开展朋辈互助活动的育人主体基本以二年级学生为主。

（2）二年级高职大学生的朋辈互助育人活动。二年级高职大学生从人才培养的要求来看，更加注重专业知识与技能的掌握与练习，使大学生成为一个精专业、懂职业发展的学院学友，开展朋辈互助育人活动就坚持以这个为中心。结合我们金融专业的特点，开展专业技能等朋辈互助育人——电脑传票、点钞、文字录入等技能的传、帮、带及系列比赛活动；开展职业考证考级朋辈互助育人交流活动——银行、证券、保险、期货、基金等职业资格证书；社会实践朋辈互助育人交流活动——进社区宣传金融政策、反假币现场服务活动、公益献爱心下乡进村、帮困扶贫活动等；朋辈互助育人职业生涯规划活动、学困生、贫困生帮扶结对活动，以全面提升大学生的专业能力和素养；另外，以各级各类社团为载体开展朋辈互助育人活动，如新老团学干部朋辈交流、班长说班情团支书说团情、团学干部朋辈素质拓展活动、党员积极分子朋辈交流会；组织开展班级、院级模拟面试（由行业、校友、教师组成面试成员），开展班级、院级、校级各类评比活动；参加各级各类比赛（传统校园文化赛事及省级的大学生挑战杯、各类学科竞赛，全国的银行业务综合技能大赛等等）；开展校际学生干部朋辈互助交流活动——2014年与浙江传媒学院文化创意学院学生会进行交流、2015年始与北京财贸职业技术学院金融与投资系团学干部进行互访，均取得了非常好的效果，同学们在参加各类活动过程中拓宽了视野，并通过比、学、帮、超来达到互相交流，共同进步，提升大学生的综合素质。这阶段朋辈互助活动的育人主体以三年级大学生为主，尤其是已成功进入浙江金融职业学院"引领学院"订单班的学长们，有更好、更多的成长经历和成功的经验供学弟学妹们分享。

（3）三年级高职大学生的朋辈互助育人活动。三年级是高职大学生面临毕业的阶段，他们这阶段的重点是能顺利就业或创业，按照当前高职大学生学习计划的安排，到三年级大学生要有一个学期的时间进行实习，因此，大学生在学校的时间非常短暂，仅有一个学期，如何帮助他们为顺利地就业做好准备，找到自己满意的职业岗位，是开展一切教育活动的目标。朋辈互助育人活动就是要为大学生顺利就业、对口就业、优质就业提供最好的服务。围绕如何使大学生更好地就业，主要开展以下朋辈互助育人活动：开展"大学生求职简历设计比赛"，提升大学生职业应聘水平；借助校友返校日的契机（这是我校的校友文化节，每年11月份的第一个星期六是校友回校日），开展优秀校友"话就业、话人生"活动、"学长、学姐大讲堂"讲座等活动，帮助大学生们正确认识当前的行业发展情况和职业要求；开展朋辈就业指导交流会、创新创业大赛，提高大学生就业应聘的能力和创新创业能力；开展朋辈就职心理咨询，缓解大学生就业心理压力；通过就业创业讲座和宣传活动，帮助大学生树立正确的就业观、择业观。这阶段朋辈互助的育人主体主要是优秀校友和优秀的三年级学生。

三、结语

实践证明"层级化"朋辈互助育人模式是符合高职教育发展规律和育人目标的，也体现了因材施教的基本原则，实践教育中也体现出了非常良好的育人效果。总结以上金融管理学院朋辈互助育人"层级化"的施行情况，具体归纳为：按育人管理的"层级"是学院党总支——朋辈互助育人小组——朋辈互助育人主体具体执行；按育人目标的"层级"是学校学子——学院学友——行业学徒；按育人活动的"层级"是班级——院级——校级——校际；按育人场所的"层级"是校内——校内外——社会职场。按高等职业教育的人才培养目标与高职三年制学历时间的客观规定及大学生自我成长的发展规律要求，推行"层级化"朋辈互助育人模式在培养社会主义可靠接班人、优秀职业人和全面发展的人中起到积极的促进作用。

"层级化"朋辈互助育人模式是鉴于全体学生共同成长与发展的视角，更多关注的是全体学生全面进步与逐步提高。在具体的实践工作中会有些特殊的群体需要特别的帮助，要有序推进，以真正做到因材施教，做到普通学生与特殊学生群体的和谐发展，共同成长。

第二章
党管育人：党建引领朋辈互助育人

本章主要从朋辈互助育人的特点出发，阐述了作为基层党组织积极贯彻习近平新时代中国特色社会主义思想的工作思考，牢牢把握坚持基层党组织对高校的绝对领导，在论述党总支对学生朋辈互助育人的重要性和必要性的基础上，从六个方面就如何发挥基层党组织对朋辈互助育人进行正确的引领和引导作了详细分析，并介绍了党建引领朋辈育人的基本载体——书记讲堂。

第一节　党总支引领朋辈互助育人的必要性

高职学生党总支作为开放育人的领导核心，加强朋辈互助育人中的引领作用，有利于确保朋辈互助育人方向的准确性、内容的合理性、方法的科学性、效果的持续性，本节主要阐述了高校基层党组织加强对学生朋辈育人的必要性，介绍了新时期高校基层党组织的基本职能和金融管理学院党总支开展朋辈互助育人的组织机构——朋辈互助育人研究中心。

一、新时代高校党总支加强朋辈互助育人引领的必要性

2004 年 10 月，中共中央、国务院发布了《关于进一步加强和改进大学生思

想政治教育的意见》（中发［2004］16号）①，十多年以来，各高校就如何抓好大学生思想政治教育开展了多种多样的改革与创新，其中朋辈互助育人作为新时期高校教育、管理、服务大学生的一种创新手段与方法，已逐渐被高校广大师生所接受与倡导，不同的学校根据各自的实际情况也开展了朋辈互助育人工作，如在大学生日常学习管理、思想教育、德育教育、心理辅导、职业生涯规划教育等方面进行了有益的尝试与探索，取得了一些的成效，但也存在着朋辈互助育人工作整体设计欠缺、持续性差、针对性不强、工作机制不规范等问题。结合开展朋辈互助育人的工作实践，我们认为真正要把朋辈互助育人工作做到规范化、科学化、可持续，育人部门首先应根据学校学生的实际情况，加强朋辈互助育人的顶层设计与核心引领，尽管随着时代的变化，在校大学生的情况会有所变化，但作为高校的育人方向是始终不变的，朋辈育人的工作机制同样也是可以制定的，专业素养和能力的要求同样也是确定的，而高校大学生党总支作为大学承上启下的育人管理部门，既能在实际工作中真实把握大学生的实际情况，又能及时掌握和了解国家的育人政策、目标及本校的育人要求与专业方向，加强对朋辈互助育人工作的顶层设计和积极引领是开展这项工作的必要前提，是十分需要和重要的。

二、新时代高职学生党总支的基本职能

2010年8月，中共中央印发了新修订的《中国共产党普通高等学校基层组织工作条例》②，其中明确了对高校学生党总支的基本职能。主要有：（1）宣传、执行党的路线方针政策及学校各项决定，并为其贯彻落实发挥保证监督作用；（2）通过党政联席会议，讨论和决定本单位重要事项。支持本单位行政领导班子和负责人在其职责范围内独立负责地开展工作；（3）加强党组织的思想建设、组织建设、作风建设、制度建设和反腐倡廉建设，具体指导党支部开展工作；（4）领导本单位的思想政治工作；（5）做好本单位党员干部的教育和管理工作；（6）领导本单位工会、共青团、学生会等群众组织和教职工代表大会。

朋辈互助育人作为新时期高校的一种育人模式，能否科学、规范、合理地开展，直接关系到大学生的健康成长与否以及高校学生工作的稳定与健康发展，也影响到和谐校园的建设。毋庸置疑，作为高校开放育人的二级领导核心——学生

---

① 中共中央、国务院发布了《关于进一步加强和改进大学生思想政治教育的意见》（中发［2004］16号），2004（10）.

② 中共中央.中国共产党普通高等学校基层组织工作条例（中发［2010］15号），2010（8）.

党总支加强与关注朋辈互助育人的开展责无旁贷，应高度重视并认真做好顶层设计，以确保朋辈互助育人工作能达到预期目标和取得理想的成效，真正使大学生从中受益。

三、党总支研究朋辈互助育人的基本载体——成立朋辈互助育人研究中心

金融管理学院党总支于 2010 年 9 月成立了朋辈互助育人研究中心（以下简称"中心"），"中心"认真贯彻落实习近平总书记有关加强党对高校领导的讲话精神，坚持以党总支为核心，认真践行学校党委提出的"党总支是一个开放育人的领导集体"的职能定位，坚持党建引领团建和学生工作，积极发挥在育人工作中的引领作用。"中心"在党总支的领导下，其成员由总支委员、支部书记、辅导员、班主任、优秀校友、学生干部等组成，是育人的组织、研究机构，主要负责朋辈互助育人项目的顶层设计、育人主体的培养、制度建设、监督考察、评价评比等等。以"中心"为研究载体，既加强实践育人，又重视理论研究，积极开展课题申报、实践总结及通过学习研究和相互交流、讨论，在理念上、理论进行探索、深化，使朋辈互助育人在学生工作的实践中进行有效落实和扎实推进，并确保在育人方向上牢牢坚持中国特色社会主义方向，体现立德树人，以生为本的办学理念。"中心"是朋辈互助育人的思想堡垒与实践指挥部，在具体操作中保证育人方法、方式的合理性、针对性和育人内容的科学性，为各项活动的开展提供足够的人、财、物的保障，并为顺利开展各项朋辈育人活动提供各方协调。

四、结语

加强高校基层党总支对育人工作的引领，既体现了党对高校领导的正确政治要求，也是确保中国特色社会主义办学方向的客观需要，更是做好高校育人工作的实践要求，要牢牢坚持，不能动摇。

第二节　党总支引领大学生朋辈互助育人的路径

本节从朋辈互助育人工作的实践和理论研究出发，论析了高校学生党总支应从朋辈互助育人的目标制定、师资队伍建设、制度建设、朋辈育人主体的选拔、

载体的创建、监督和考评六个方面来加强顶层设计，以科学、规范地推进朋辈互助育人，提升朋辈互助的育人质量，真正收到育人实效。

一、高校学生党总支引领大学生朋辈互助育人

（四）坚持社会主义高校办学方向，牢牢把握朋辈互助育人的目标

朋辈互助育人作为大学生成长成才的一种育人模式与手段，是新时期高校学生工作在实践中不断探索与发展的新方式，但无论育人的形式怎么变化，育人的主体怎么改变，育人的载体怎么创新，我们培育大学生的根本目标始终没有变——即要把大学生培养成可靠的社会主义接班人和合格的社会主义建设者。具体主要体现在以下两个方面的内容：

（1）朋辈互助育人必须要与时俱进，在开展各类朋辈互助育人过程中要牢牢把握社会主义核心价值观开展教育，在朋辈互助育人中始终践行好当前党和国家所倡导的"富强，民主，文明，和谐；自由，平等，公正，法治；爱国，敬业，诚信，友善"社会主义核心价值观，认真坚持中国特色社会主义办学方向。

（2）朋辈互助育人必须坚持各自学校准确的办学定位和人才培养规格，体现专业特点和岗位特色、行业要求，如我们浙江金融职业学院金融管理学院务必体现金融专业的办学特点与人才培养、岗位特色要求，真正体现中国社会主义高职教育的办学特点。

（二）坚持质量引领，加强朋辈互助育人师资队伍建设

尽管朋辈互助育人的主体由传统的教师转换为学生，但要使原始的、朴素的、分散的朋辈互助育人真正成为一种正式、规范的育人模式，那么这些担任育人的大学生需要接受一定的教育与培训，他们需要懂得基本的育人原理，必须要有教师的指导与引领。因此，党总支加强朋辈互助育人的师资队伍建设，尤其是打造优秀的教师队伍显得更为重要和迫切。鉴于育人工作的神圣性和重要性，对朋辈互助育人的教师队伍建设，做到以下几点：①在思想上必须有高度的责任心，要热爱学生、热爱学生工作，对学生负责，对育人工作负责；②在工作态度上，要懂得团结合作，积极奉献，与人为善；③在教师团队的建设上，各教师所精通的专业要全，能覆盖到学生成长成才的实际需要，既要有心理学、社会学、思想政治教育、哲学、美学专业的教师，也要有懂得党建、团建、创业、学生日常管理、专业技能、文体类的师资力量，只有优秀的教师队伍才能为朋辈互助育人提供全

方位的师资保障力量，才能保证朋辈互助育人开展的全面性、科学性、专业性；④加强教师队伍的培训与锻炼，党总支在师资的培养上要有计划，要求教师制定自身职业生涯提升规划，与时俱进，不断学习新知识、新理念、新技能，努力使每一位教师成为学生信得过的好导师；⑤党总支作为教师干部队伍的管理者与引导者，加强对教师育人综合能力的考核与评定。

（三）坚持规范化引领，加强朋辈互助育人制度建设

制度是要求大家共同遵守的办事规程或行动准则。朋辈互助育人作为育人的新方式、新方法必须有相应的工作制度来进行规范，才能确保朋辈互助育人的可持续，才能真正发挥朋辈互助育人的功效。朋辈互助育人的制度建设主要体现在以下几点：①要有开展朋辈互助育人工作的规范制度，如开展朋辈互助育人的调研机制，即要及时了解大学生的思想动态、价值取向和行为方式，准确把握和认真研究大学生出现的新状况、新问题，及时提供可解决问题的建议和方法，并积极开展教育、引导和监督等工作；②制订朋辈互助育人的工作计划，其中包括朋辈互助育人的具体内容、方法方式、基本原则、评价方法、考核机制等；③要制定朋辈育人者的选拔制度，对于朋辈互助育人者的招聘、选拔、培训、考核等工作要做到有章可循，例如我们金融管理学院制定出台了《班主任助理选拔、培训制度》、《银雁班干部培训制度》等；④制定隐私保密制度，对于特殊人群的朋辈互助育人工作（如心理健康咨询的朋辈教育），要从保护学生的角度出发给予严格保密；⑤制定朋辈互助人育工作的监督评价机制。做到事中监督，并通过一定的形式如交流会、座谈会，开展朋辈互助育人工作的评定，由朋辈育人者与被育者对活动进行回顾反思，总结经验，并及时修正需要完善的地方，以提升朋辈互助育人的实效。

（四）坚持思想引领，加强朋辈互助育人的人才选拔

朋辈互助育人的育人主体由原来的教师转换为学生，这是朋辈互助育人的主要特点，也是其优势所在，因此，对于这些学生的选拔非常重要，他们代表了教师作为育人主体向同学们进行思想意识、行为习惯、学习技能等多方面的教育与传播，从某种意义上说，这些学生素质的高与低，能力的强与弱，人格的好与差，在很大程度上影响着朋辈育人的成与败。所以，朋辈育人者的选拔是朋辈育人中最基本的环节也是最重要的一环。

如何把思想觉悟高，政治立场坚定，有正确价值观，乐于奉献，工作能力强

的大学生选拔到朋辈育人的工作队伍中来是一件事关朋辈互助育人项目是否成功的关键，是党总支对朋辈互助育人工作认真把关的主要着力点和抓手。

按照《中共中央国务院关于进一步加强和改进大学生思想政治教育的意见》指出[①]："要把团干部作为思想政治教育工作队伍的重要组成部分，做好培养、锻炼和输送工作。高等学校学生会、研究生会是党领导下的大学生群众组织，是加强和改进大学生思想政治教育的重要依靠力量，也是大学生自我教育的组织者。学生会、研究生会要自觉接受党的领导，在共青团指导下，针对大学生特点，开展生动有效的思想政治教育活动，把广大学生紧密团结在党的周围，在大学生思想政治教育中更好地发挥桥梁和纽带作用"。鉴于以上的文件精神和学生日常管理工作的经验，以团学干部、学生党员为主体并结合他们的本职工作，开展朋辈育人应不失为一举两得的好办法、好途径，在此基础上通过招聘活动，吸收一大批政治思想觉悟高，学习成绩好，专业素质高，工作能力强，在同学中有较高威信并热衷于帮助其他学生的同学加入到朋辈育人的队伍中来；我们还根据大学生创业与就业的需要聘请职业素养高、职业发展好及具有良好创业经验、关心母校发展的优秀校友成为朋辈互助的育人主体。真正把优秀的朋辈打造成一个育人的优秀团队，通过朋辈互助教育活动使他们的成功经验和示范、榜样作用得到传承与发扬。

（五）坚持以生为本，加强创建朋辈互助育人载体

良好的载体是朋辈互助育人活动得以实现的一个重要平台和媒介，通过载体活动使朋辈育人者与被育人者之间进行思想的交流与经验的分享、信息的传播，是开展朋辈互助育人的中心环节。合理的载体创建有利于朋辈互助育人工作取得事半功倍的效果。载体的创建要符合可操作性、针对性、时效性、合理性的一般原则。在信息化高度发达的当代校园，创建朋辈互助育人的载体一定要符合大学生的真实需要，解决大学生成长成才过程中的困惑，真正为他们的学习、生活、工作、就业、社交及休闲提供有益的帮助。

按照大学生校园的学习、生活特点，朋辈互助育人载体的创建按区域划分可以在班级、不同专业、生活社区，如开展班级主题班会、专业教育、社区文化节等；按活动的划分有专业学习社团、文体娱乐社团、社会公益社团，如技能学习

---

① 中共中央、国务院发布了《关于进一步加强和改进大学生思想政治教育的意见》（中发〔2004〕16号），2004（10）.

活动、学校各级大型文体活动、各种爱心、志愿公益活动；按空间划分可以进行传统的线下交流会、讲座、先进典型宣传等开展，也可以利用网络互动交流与分享，如通过推送新闻网站、微信、微博、QQ等新传媒进行；按朋辈育人主体的划分可以是校内的朋辈同学，也可以优秀的校友朋辈、校外的大学生朋辈开展育人活动，例如学习尖子谈心得与体会、优秀校友话人生、话就业等；按学生类别可划分为新老退役士兵学生群体、新老学生党员、学生干部、学困生、贫困生、外省学生、特长生等朋辈育人载体，开展有针对性的朋辈育人活动，达到不同类别学生的成长与发展需要。不管创建何种朋辈互助育人载体，必须要坚持以大学生的健康成长、优质成才、精神成人为根本宗旨。

（六）坚持先进榜样引领，加强朋辈互助育人成效的监督考评

朋辈互助育人作为新时期大学生育人的创新模式，是一项系统性、长期性的工作。加强对朋辈育人活动的监督评价是教育活动的客观需要，有利于进一步深入开展这项活动的科学性与合理性。党总支作为育人的二级管理部门必须注重过程监督、过程评价与终结性评价，对朋辈互助育人活动的评价主体要坚持多元化，既要从朋辈育人者的角度进行反馈与考评，同时也要对受教育者各种能力的提高情况进行综合评估，更要从第三方尤其是其他师生对朋辈育人成效的反馈意见中来捕捉信息；还要从学生整体素养提升（育人者和受教育者）的实际及学生所取得的各项成绩进行总体评价，以客观的态度来看待朋辈互助育人活动取得的成效，从而认真反思对朋辈互助育人活动的内容、方法、方式的合理性、科学性、可操作性。在监督考评过程中，党总支要坚持朋辈互助育人中先进榜样的引领作用，并大力弘扬，通过传承先进的理念、可行的做法以更好地推进朋辈互助育人深入开展。

二、小结

朋辈互助育人作为新时期大学生互助育人的一种新颖方式，它应是一个完整的、系统的教育过程，在高等教育大众化的当下，值得进行深入地探索与研究。按照现代教育学的理论要求[①]，即教育是发现人的价值，教育是发掘人的潜能，教育是发挥人的力量，教育是发展人的个性，那么朋辈育人是一种非常有潜力的育人模式，但是如何真正把优秀的朋辈学生、校友成为可靠的育人者，并在实践中

---

① 袁振国.当代教育学［M］.北京：教育科学出版社，1999：370.

付诸正确的教育行为，这需要教师、辅导员的精心指导，更需要高校党总支的正确引领，并在实践活动中层层推进，环环相扣加以落实，真正做到朋辈育人的日常化、规范化、科学化和合理化。

第三节　党建引领朋辈育人的载体：书记讲堂

本节主要阐述党建引领的具体载体和环节：书记讲堂。朋辈互助作为高校育人的模式，不同于学生个人间自然、原始、朴素的互帮互助，而是经过精心设计、组织与培训的朋辈主体间开展的互助育人，需要有顶层设计与思想引领。金融管理学院党总支、团总支作为开放育人的领导核心，带领班主任、辅导员等承担着具体的学生管理与教育工作，尤其是对朋辈互助育人主体——党员和学生干部的培养，不仅要担负起引领他们思想的职责，对党的先进理论进行传播、对学校的办学理念等进行宣传，同时更需要对学生干部等朋辈主体进行培养与教育，这直接关系到朋辈互助育人的方向是否正确，朋辈育人的文化是否先进，朋辈互助育人的精神是否得到充分彰显。金融管理学院党总支在朋辈互助育人中牢牢把握引领思想教育这一核心环节，长期坚持开展讲党课、学生干部培训等系列报告与讲座，以确保引领朋辈互助育人主体思想发展的正确航线，增强朋辈互助育人主体的工作能力与实践水平。书记讲堂主要围绕以上内容进行，使朋辈互助育人始终保持教育的先进性，工作的实效性。书记讲堂既是朋辈互助育人的重要载体，也是我们开展大学生思想政治教育的重要环节。以下例举书记讲堂的部分节选：

一、党总支书记讲党课

学生党员是学生成长成才的典型，是大学生朋辈学习的榜样，当然学生党员更是朋辈互助育人的一支重要力量，加强对他们思想的教育与引领显得十分重要，加强对他们的党性修养更是不必可少。金融管理学院党总支坚持宣讲党的理论与指导思想，从毛泽东思想、邓小平理论、"三个代表"重要思想、科学发展观，到现在的习近平总书记重要讲话，都进行了及时有效的传播与讲解。十八大以来党中央实施了"四个全面"战略布局，其中"全面从严治党"也列其一，近期全党上下正积极开展"两学一做"教育学习，金融管理学院除了学生党员自行组织开展教育学习外，党总支书记熊秀兰精心组织学生党员还开展了"两学一做"教学讲座。

2016年6月15日下午在金融管理学院8219教室，党总支书记熊秀兰给大一、大二的党员及入党积极分子进行了"两学一做"教学讲座。

熊书记说："两学一做"是每一个普通党员都需要引起高度的重视，要积极投入到这项学习教育中去。更要关注"两学一做"各类活动的开展，用党的先进理论与思想武装自己的头脑，要学会自觉学习，并认真了解党的发展历史，提高对党的理论认知，进一步提升共产党员的思想素质，牢记党的宗旨，践行党的宗旨。做一个为人民服务，为同学们做实事、解难事的共产党员。

熊书记围绕"正确把握和理解'两学一做'"，真正把党的思想政治建设"抓在日常，严在经常""学习党章党规、明确基本标准、树立行为规范""学习习近平总书记系列重要讲话精神，加强理论武装，统一思想"、"对学生党员的基本要求，争当时代先锋"四个方面进行了全面的阐述，并由浅入深，由表及里，理论联系实际地进行了生动讲解。在座的党员和入党积极分子纷纷表示一定会加强理论学习，将党章党规的戒尺标准树立起来，将学习的理论和实际结合起来，无论学习还是工作，都将以一名合格的党员的标准要求自己，真正彰显一名新时期学生党员应有的品质。

金融管理学院党总支书记熊秀兰讲"两学一做"

二、党总支副书记谈如何做一个高品质的学生干部

2016年4月21日下午5点10分，8119教室，金融管理学院第五期银雁班培训正式开讲，党总支副书记钱利安向学员们了《努力做一个高品质的学生干部》的专题讲座。

讲座伊始，钱利安首先对习总书记在2015年五四青年节上对全国青年说的12句话做了一个深度的讲解，并把习近平总书记的12句话作为讲座的第一个内容：青年一代必将大有可为，也必将大有作为；学如弓弩，才如箭镞；生活从不眷顾因循守旧、满足现状者；自胜者强，自强者胜；非学无以广才，非志无以成学；做人做事第一位的是崇德修身；是非明，方向清，路子正；圣人是肯做工夫的庸人；青年兴则国家兴，青年强则国家强；风拥后浪推前浪，亘古及今皆如此；人生的扣子从一开始就要扣好；中国的未来属于年轻一代。他希望全体学生干部能从习近平总书的话语中吸取精神的力量，坚定理想信念，追逐自己的人生梦想和奋斗目标，为实现伟大的中国梦而不懈努力。

第二部分，他强调了作为学生干部的底线要求：①遵纪守法；②明辨是非，

与上级组织保持高度一致；③拥有绝对的正能量。还详细阐述了一个高品质学生干部的基本素养：①思想道德素质高，学会做人，学会做事；②良好的综合业务素质与良好的学习成绩；③具有高超的组织管理能力；④发现和解决实际问题的能力；⑤较强的动手操作能力；⑥良好的人际关系；⑦扎实的工作作风和勇于奉献的精神。

钱利安还就学生干部的工作能力、工作宣传、学生干部威信效应、心理调控、思维方式等方面向在座的银雁班学员详细阐述。其中他重点强调了学生干部所应有的"俯首甘为孺子牛"的精神：①做到腿勤、嘴勤、手勤、脑勤；②树立威信，其身正，无令则行；③做到思想上的四个第一，把自己所负担的工作当作一项事业，一门学问，一个天地，一种生活。

最后，钱利安希望金融管理学院第五期银雁班学员能实事求是，脚踏实地地学习与工作，唯有这样才能赢得他人的尊重，实现自身的价值，赢得成功。他希望在座的银雁班学员能发扬艰苦奋斗精神，成为展翅高飞的领头雁。

同学们聆听了讲座后，更充分认识了银雁班是金融系学生工作中的一个具体载体，是一种管理育人理念的具体体现。通过讲座银雁班学员更懂得了自己身上的责任，纷纷表示会在今后的工作学习中齐心协力，超越自我，同心同德为努力把金融管理学院打造成全国金融教育第一品牌，第一专业，第一系而共同奋斗！

三、团总支书记讲团学工作经验

银雁班是金融管理学院培养学生干部的摇篮，学员作为金融学院朋辈互助育人的重要力量，提高自身的工作能力与综合素质是使命所在、工作要求。金融管理学院团总支书记每年对银雁班学员讲团学工作经验，以提升同学们的工作能力。结合学生工作和学生干部成长的实际需要，通过一系列讲座告诫学生干部做到知行合一，表里如一；在做事态度上，一丝不苟做好自己该做的，精益求精做好自己能做的，千方百计做好自己想做的；在做事标准上，以做到让自己满意为最低标准，以做到让别人感动为最高标准，并通过"那些年，我们一起奋斗的岁月"等主题进行工作照片展示、回顾，教会同学们做一个有特色、有魅力的人；让同学们学会为自己搭建舞台，让更多的人认识自己、认可自己；学会珍惜现在，懂得珍惜现在的一切；学会与人共事，讲究团队意识，讲究奉献精神，每届银雁班的学员在讲座中都受益匪浅，快速成长。

四、结语

书记讲堂是党建引领朋辈互助育人的一个途径和载体，确保大学生朋辈互助育人的思想性和方向性、正确性，确保培养大学生朋辈互助育人队伍过硬的政治素养和工作能力，确保牢牢把握中国特色社会主义办学方向，我们坚持每年开展书记讲堂的活动，确保育人工作的连续性，确保思想教育的规范化和常态化。

第三章
朋辈讲堂：朋辈互助育人思想交流的平台

朋辈互助讲堂是指朋辈之间分享学习、工作、生活、社交等成功经验与失败教训的交流场所，为朋辈更好更快地成长与发展、少走弯路提供思想、观念、方法与手段。为保持朋辈互助育人的规范性、长效性、时代性，金融管理学院党总支主要开设了学长讲堂、朋辈讲堂、校友讲堂，以体现朋辈互助育人的传承性、朋辈性、职业性的育人思想和内涵。

第一节　学长讲堂——朋辈互助育人之学长魅力

学长是指对比自己学龄长的同学的尊敬称呼，意思与广义使用的"师兄、师姐"相同。学长讲堂是让成长与发展较优秀的高年级同学给低年级同学传授自身的经验与值得吸取的教训，使低年级同学在感受学长的成长经历中获得启发和感悟，使自己在大学思想、学习、生活、工作等少走弯路，成长发展得更好、更快。学长讲堂传承的不仅是让同学获得学习、生活、工作、社交等方面的知识、技能的经验与方法，更多的是传递同学间纯洁无瑕的友谊，体现的是同学间互敬互爱、互帮互助的友好精神。

一、学长讲党课

为进一步加强对大学生党员、入党积极分子进行党的理论、方针、政策的学习和教育，开展好"两学一做"学习教育，尤其是认真学习和领会对十八大、十九大报告精神、习近平新时代中国特色社会主义思想，金融管理学院党总支在加强理想信念和党性教育的同时，积极组织学生党员进行自我教育，开展学生党员讲党课活动，在学院党总支的指导下，以学生党员中心为专门组织，通过学生党员的朋辈教育，使党员、入党积极分子，牢固树立党员意识、提高党性觉悟，真正树立起"四个意识"，增强"四个自信"，做到"两个维护"，坚定爱党、崇党、护党、为党的理想信念，并通过讲课、微信、微党课及行走的微党课等形式，积极宣传党的新思想、新理论、新理念、新方略等，尤其是习近平总书记关于青年学生成长成才思想的学习、宣讲，真正使党员和入党积极分子发挥好先锋模范作用，成为大学生成长成才的典型，并真正成为具有中国特色社会主义的合格建设者和可靠接班人。

2017年3月5日，学生党员李磊通过自己精心制作的PPT，向大家报告了他对党的了解和认识，他认为加入中国共产党是当代大学生成长成才的正确选择，青年大学生在共产党发展历史上担任突击队、生力军、急先锋、创造者、接班人和建设者的角色；当代大学生肩负着实现中华民族伟大复兴历史使命和建设社会主义现代化的重任，是全面建设小康社会、构建和谐社会的重要力量。李磊还认为，社会主义核心价值观极富正能量，值得每一名学生党员去认真学习、铭记并付诸实践。

听了李磊的党课，看了视频后，在座的学生党员及入党积极分子积极发言，表达了自己努力成为一名合格党员的迫切愿望和决心：①抓好学习的同时，积极参与金融管理学院党总支组织的活动，积极参与志愿者活动；②争取做到行动与精神共进，向党章党规要求看齐；③时刻谨记中国共产党艰辛的发展历程，并以此警醒自己，为党的发展贡献力量。

二、学长讲学习

学习是大学生的天职，如何适应大学的学习是新生首先需要马上面对而解决的问题，从高中到大学，不仅学校对大学生的管理不同于中学，更主要的是面对新时代"互联网+"的新形势高校教学改革持续不断推进，大学生的学习方式、方法均与传统的学习发生很大的不同，专业知识与技能对大学生的学习能力有更新、更高的要求。学长讲学习主要在于解决新生如何适应大学的学习，转变学习方式、提高大学学习效率的问题。为学弟学妹传授大学学习的经验与成功体会已成了金融管理学院朋辈互助育人最重要的传统项目之一。基于金融专业学习的实际，金融管理学院朋辈互助学长讲学习一般开展理论课学习的经验介绍与技能练习方法、心得体会的传授，除了高年级学习尖子进低年级班级进行讲授外，还开展大型的二级学院学长讲学习等活动。以下是金融管理学院朋辈学长讲堂的活动节选。

（一）学习之星谈学习体会

亦长亦友，彼功，今之向往；彼过，今之为戒。

高年级的金融管理学院学子为新生传授学习经验、分享学习心得是金融管理学院的优良传统。话题虽严肃，但优秀的学长学姐们却能用幽默的方式让新生汲取到其中精华。

2015 年 11 月 18 日晚，金融管理学院开展了朋辈互助之学习经验交流会。优秀的学生代表们金融 135 班郦永丽、农金 141 班郑伟杰等毫无保留地将自己通过实践积累的学习经验与心得和新生们进行分享。

一双双求知若渴的眼睛注视着台上自信飞扬的优秀学生代表们，伴随着掌声和欢笑声，优秀学长用幽默风趣的方式介绍了自己。他们以自身经历讲述了自己的学习、生活各方面遇到的困难和挑战：怎样努力取得了进步与奖励、如何和朋友一步步结下深厚友谊等。大学一年，他们感受最深的是自己的适应能力得到了提升，团队意识得到了增强。建议新同学们：①要坚持，多学多练；②脚踏实地，扎实肯干；③全方面提升，不偏不倚；④树立目标，自信勇敢地追逐。

在交流会上新生们有的大胆提问、有的表明雄心、有的个别讨教，优秀学生代表们非常耐心进行解答并给予了真挚的鼓励。同时，新生代表也做了积极的表态：①拒绝浪费时间，把时间浪费在玩游戏上，而是合理利用时间，多上图书馆自习、阅读，拓展理论知识，多参加专业学习与实习，多上操场、健身场所锻炼身体；②认真参加班级活动，注重劳逸结合，努力提高班级凝聚力。

通过朋辈互助之学习经验交流会，新生们对未来有了更加清晰地认识和更加明确的目标，同时也感受到了来自朋辈的关怀，拉近了新老生之间的距离。

郦永丽学长谈学习经验

郑伟杰学长讲学习方法

（二）技能尖子谈技能技巧

2014 年 10 月 14 日晚，金融管理学院在 8 号楼举办朋辈互助之技能尖子交流会，参加本次活动的有金融管理学院技能尖子以及全体大一新生。

技能尖子徐孝东、雷倩等首先就自身经历展开了讲述："想学好技能，首先要耐得住寂寞，贵在一步一步坚持，学什么都要花足够的时间和精力。"随后，他们拿出练功券，传授单指和多指开扇，进行熟练而认真地演示，新同学们为技能尖子娴熟的手法而惊呼，充分感受到了技能尖子的魅力。新老生之间的交流十分愉快融洽，尖子们言传身教，传授他们学习技能的心得：平时在网上交流多用五笔取代拼音，学技能的时候最重要的是静下心来，三个人一起练三个小时不如一个人静心练一个小时。作为新生现在要给自己定目标、找动力，时刻谨记坚持就是胜利。学技能的路上会很孤单，不要害怕别人的眼光，坚持走自己的路。他们对新生也提出了以下几点期望：①没有练不好的只有不想练的，技能需要投入充足的时间和精力去练习；②练技能贵在坚持，坚持才能胜利；③要注意劳逸结合，适当放松自己，参加社团等各种活动，开阔视野，拓宽交际网；④多参加技能赛事，在比赛中提升自我、锻炼自我。

学长学姐的热情授教与学弟学妹们的虚心求教形成了很融洽的氛围，整个交流会开展得非常顺畅。交流会极大地激发了新生们对技能学习的热情。新同学们纷纷表示要以技能尖子为典范，努力练习技能，争做优质金院学子。

徐孝东学长展示单指点钞技能

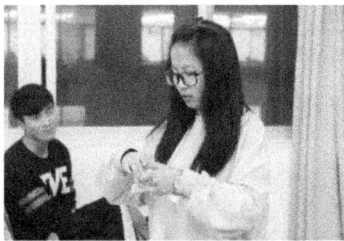
雷倩学长演示多指点钞技能

三、学长讲生活

新生进入大学校园后，生活上所面临的是一个全新的环境，由原来中学时相对封闭、狭小的生活空间进入了一个较为广阔、活跃度较高的生活场景，面对来自不同地区的同学、新的班集体、新的寝室生活等，这对大学生的自我独立生活能力、人际交往能力及心理适应能力等提出了更高的要求。为使新生快速、顺利地适应大学校园生活，金融系学长讲生活作为朋辈互助育人的一项重要活动长期坚持着，以确保每位新生的大学生活过得舒适、顺心、开心，培养他们良好的心理个性、心理品质，养成健康、科学、文明的生活方式，彰显幸福金院的真正魅力。结合大学生生活的需要，金融系朋辈互助开展了一系列学长"谈如何建设文明寝室""说如何调节心理状态""讲生活上如何自强不息"等活动。以下是部分活动的节选：

（一）新老寝室长朋辈交流活动

寝室是大学校园里最基本的群体单位，也是学校教育环境中最基本的元素，但作为大学生的第一社会、第二家族、第三课堂对他们的成长有着非常重要的作用。为加强寝室管理，推进文明寝室创建工作，金融管理学院于2015年11月19日在8219教室举行朋辈互助之新老寝室长交流会。会议伊始，14级优秀寝室代表陈龙威、戚颖颖、李丹向新生寝室长分享他们的经验与心得。他们特别强调寝室长对于一个寝室的重要性，鼓励寝室长要做好带头作用，谨记自身职责。15级寝室长代表周青年、原笑笑、吴小林上台发言。他们都讲述了他们各自寝室的故事，也提醒在座的寝室长既要抓好寝室安全建设，又要注重寝室文化环境建设。

互动环节上，在场同学都踊跃进行发言。新同学们向14级寝室长们提问"如何带动寝室成员的积极性""怎么做好寝室长"等问题，14级寝室长们都细心地回答。让同学们对如何改进寝室卫生、增进寝室氛围有了新的认识。

新老寝室长交流会的召开促进了寝室长之间的工作交流，发挥了优秀寝室长的榜样示范作用，推进了文明寝室的创建工作，体现了金融系对寝室管理工作的重视，对学生生活的关心，为同学们拥有一个温馨的生活环境打下了良好基础。

（二）新老贫困生朋辈交流会

"贫不足羞，可羞是贫而无志。"为进一步加强贫困生间的交流，金融管理学院于2015年11月23日在8201教室举行新老贫困生交流会。老生代表农金141班郑伟杰首先分享了他的成长之路，认为作为一个贫困大学生要有三个意识：①责任意识，要把自己应做的工作做好；②奉献意识，享受忙于工作的乐趣；③感恩意识，要学会感谢学校、老师提供的各种机会；金融141班的杨翠萍认为，物质的贫困是短暂的，我们不要被眼前暂时的物质贫困所蒙住双眼，捆住手脚，为了获得一时的物质满足而急功近利，一唯地做兼职赚钱，而荒废了学业，更希望大家把时间花在学习上，努力使自己成为一个理想丰满的人、知识充足的人、精神富足的人，行为端正的人、道德高尚的人；金融148班程丹则认为贫困大学生应有"三颗心"：①要有良好的心态，切莫自卑，因为每个人都有自己的闪光点；②以包容的心对待每一件事，不能脱离室友生存；③要有上进心，无论学习还是技能，都要敢为人先。新生代金融159班徐佳雯、金融156班阮嘉慧以及金融158班黄龙认为，听了学长学姐的话感到非常振奋，也更加有信心去面对自己在大学里的学业、生活和工作，表示在大学里他们将会争取更多的机会去展现自我，通过自己的努力打开梦想的翅膀，在大学生活中写下属于自己最辉煌的一页，成就更好的自己。

金融管理学院党总支书记熊秀兰参加了本次朋辈互助活动，并充分肯定了新老贫困生的认真发言，并对他们提出了以下四点希望：①正视贫困，通过自己的努力改变现状，而非怨天尤人；②要自强自立、积极向上、努力拼搏；③学会解决问题、克服挫折，通过沟通加强交流；④学会坚持，定好目标，提高学习能力以及个人素质能力；⑤要克服自卑心理，牢树立自己心中的目标，要自己看得起自己。

交流会让2015级贫困生们感受到了学长学姐的奋斗之路，榜样的力量就在他们身边。通过新老贫困生交流会也让新生了解了国家以及学校的资助政策，体验到学校的关爱与呵护，感受国家对贫困大学生的重视。相信我院贫困生都能够正视贫困现状，通过努力拼搏改变自己不利的境遇。

徐佳雯同学谈自强自立

四、学长讲团学工作经验

团学干部是学校开展学生管理工作的得力助手，是班级、学院落实各项学生活动和具体任务的执行者，团学干部是学生中的先进分子，更是服务同学的积极分子。团学干部如何在同学中树立威信，如何有效、高效地开展工作，如何更加高质量地服务同学，不仅需要对工作满腔的热情、认真的态度，更需要有工作的能力、方法与经验。为使新干部快速成长，团学干部朋辈互助已是金融管理学院团学干部成长必不可少的重要环节，不同层面的学生干部，都有相应的朋辈进行帮助、培养，使新干部更好地胜任工作岗位、担负起工作职责，以下是不同类别团学干部的朋辈交流节选：

（一）班主任助理、辅导员助理工作交流会

2014 年 9 月 11 日下午，金融管理学院朋辈互助成长之新老班主任、辅导员助理经验交流会在系会议室举行。2013 级优秀班主任助理代表、2014 级全体班主任、辅导员助理参加了本次交流会。

李洁炳给大家提了八点建议：①要礼貌迎接新生，并表现出自己积极向上的一面；②主动询问新生的生活、学习需求，给予新生温暖的感觉；③正确解答新生的问题，不要给新生带去负面信息；④做好班助与班主任、新生、辅导员助理、班助之间的沟通；⑤认真仔细观察新生，及时发现特长生和优秀人才；⑥每天进行总结，将需要的资料进行整理；⑦尽量跟着新生军训，保持 24 小时信息畅通；⑧己所不欲勿施于人，尊重新生的选择，尤其是支持新生正确的选择。最后李洁炳学姐告诉我们，班助的经历会使自己成长很多，接下来的迎新工作会很忙，希望大家不要耽误学业，并在接下来的时间里共同努力加油。

王新新与大家分享了她担任班助时候的经验和困难：①前期要给每个新生打电话，新生不来读书的问题要及时处理，并给新生检查了所有寝室和整理准备资料；②保持长久的战斗力，保持纯正的工作目的；③加强班助与班助之间的联系，学会相互分担，学会相互信任。最后她总结说做班助会非常辛苦，要调整好自己的时间，把更多地精力投入到班助工作中去。

朱守东从一些具体的事情上面来为大家讲解了他的班助经历：①新生报到这几天会比较忙，大家都要调整好自己的情绪，不要将负面情绪带到自己的工作中；②他还告诉所有班助不仅要关注新生的生理状况，也要关心新生的心理状况。

新的班主任助理、辅导员助理在学习了前辈们的工作经验和体会后，更增添了做好这份工作的信心。

（二）系级团学干部交流会

2014 年 6 月 10 日，金融管理学院团总支在 8218 会议室召开朋辈互助成长之新老学生干部面对面交流会。金融系第五届的团学委员代表、金融管理学院第六届的团学委员代表参加了本次交流会。会议由第六届学生会胡立峰主持。

第五届学生会主席杨跃飞、团学干部邓亚丽、马伟杰等率先发言，认为作为一名学生干部首先要在其位谋其政，有责任、有担当、要奉献；其次要严以律己，传承好"勤奋、严谨、求实、创新"的校风；第三、要发扬学生干部的特长与优点，提高在工作中善于沟通、关于协调、善于组织的能力，学会做人、做事，真正体现自我价值；第四、要率先垂范，树立榜样。无论在学习、生活、工作中均要体现出先进性、模范性，为学生树立榜样；第五，要善于实践，在实践中发展自我、提升自我、完善自我。

第六届团学委员听了上一届的团学干部的讲话后，表示将以高度的责任感，加强自身能力的锻炼与理论学习，提高自我修养，继承和发扬老委员们的优良作风和传统，不断向实践学习、向理论学习、向同伴学习，努力把自己塑造成一个肯干、会干、能干的优秀学生干部，为金融系学生工作再上新台阶奉献自己的智慧和能力。

新老团学干部的朋辈交流既增进了双方的友谊，又增强了新一届团学干部做好今后学生管理和服务工作的信心和决心。

新老团学干部朋辈交流

五、学长讲就业

（一）学长讲就业

高职教育作为现代高等教育的一种形式，更加注重学生的动手能力，更加注重岗位的实践操作，人才培养的目标主要以就业为导向，而随着高等教育大众化、普及化，有些高职大学生对自己的定位并不十分清楚，有些同学则职业方向不明确。为使高职大学生能明确自身学业、职业发展方向，金融管理学院每年都开展学长讲就业活动，旨在坚定高职学生的学业定力、职业目标，育人主体主要来自订单班学员，通过讲解，以消除同学们的迷茫，活动也深受同学们的欢迎！

2019年5月9日晚7点，金融管理学院三年级学生高越和韩沛鑫同学应金融173班、金融174班同学的邀请，为两个班的同学做了一场精彩而生动的"话就业"活动。

高越同学毕业后成功入职浙商银行，现为浙商银行北京大兴分行柜员；韩培鑫同学毕业后成功入职浙商银行，现在浙商银行客户服务中心工作。

在"话就业"活动中，高越和韩沛鑫先后和大家分享了自己订单班面试前的准备、订单班面试过程中的注意要求、进入订单班后的学习生活状况和毕业后进入浙商银行的工作体会。她们首先感谢学校给她们在学生时代得以展示自己风采的舞台和实践锻炼的平台，更感谢学校能给她们进入订单班这样一个求职捷径，劝勉各位同学一定要珍惜和把握订单班这个机遇。随后她们和同学们分享了订单班面试前的准备工作，并根据自己的体会着重分享了"简历的制作"：①好简历要简短明了、整洁清晰、准确真诚；②简历的排版设计要简单、清晰、精致、有条理；③简历的用词术语要恰当合理；④简历的内容要全面符合岗位特点（如面试柜员，要体现认真、细致、责任心）；⑤禁忌夸大其词、禁忌弄虚作假、禁忌太过谦虚。

而对于"怎样去面试"，她们也跟学弟学妹们分享了自己的一些想法：①回答问题要自然流畅，体面大方，要有前提，有结论，同时不要把话说得太绝对；②自我介绍要提前准备一到三分钟，要了解自己、了解应聘岗位、了解面试官；③对无领导小组讨论和辩论赛等形式的面试要分别准备，并分别找到技巧。

最后，她们也分享了在订单班和工作单位的体会：进订单班是一个机遇，因为它是毕业接就业的一个捷径，也是体面进入社会的名片，更是日后成家立业和更好选择的平台。进订单班也有挑战，没有躺着赚钱的工作，没有不付出汗水和精力就能得到的回报，对于每一个平凡的同学而言，付出和汇报基本是成正比，只要是工作，就离不开付出、辛酸、充实、快乐，这也是工作的意义，体会酸甜苦辣，收获快乐满足。

学弟学妹们认为两位学长讲得非常真实，也非常贴近他们的所思所想，认为这样的讲座非常有利于他们去做好就业应聘工作、适应今后的职场。

（二）举办学长模拟招聘示范赛

为更好地提高大学生就业应聘的能力与技巧，让更多的同学能直观、形象地学习了解就业招聘的程序与要求，金融管理学院从 2017 年开始，在学校订单班开始招聘前夕举行大学生模拟招聘示范赛，以提高大学生应聘、面试的综合能力。模拟招聘示范赛主要以大二的学生按应聘的程序进行表演及比赛，由行业专家、企业高管、人力资源专业人士进行现场出题、提问，并进行指导点评，通过学长的模拟招聘示范赛，使一二年级学生更好地了解如何更好地对待面试、对待应聘，全面了解企业对员工的职业要求等，同时提高了同学们就业应聘的自信心。

六、结语

通过学长讲堂一系列活动的交流与分享，把优秀学生的思想、言行和学习方法、工作经验等传授给学弟学妹，使他们在学校今后的学习、工作、生活等方面有更好的基础、更清晰的成长目标，也达到了朋辈互助育人"成人达己"的效果。

第二节　班级朋辈讲堂——同辈育人之风采

本节主要介绍金融管理学院朋辈互助育人的班级朋辈交流，为更好地促进大学生朋辈的相互交流与学习，当时的金融系党总支牢牢抓住学校教育最基本的组织形式——班级朋辈交流，并于 2012 年起举行第一届班级文化节，其中朋辈互助育人的活动内容随着学生情况的变化而不断完善、充实，截至目前，有班长说班情、团支书说团情、学习委员说学情、心理委员说"心情"、寝室长说寝情等朋辈交流，通过不同类型学生的交流与分享，达到共同进步与全面发展，并对优秀者给予表彰鼓励。

一、班长说班情

班长是高校班主任、辅导员开展工作的得力助手，班长们也是高校基层学生管理队伍中的一支重要力量，更是大学生开展自我教育、自我管理、自我服务的主要负责人，班级班风建设的好坏，班级各项活动是否能够有计划、顺利地开展，班级凝聚力、战斗力如何等等，都直接与班长的工作能力有非常大的关系，为创建更多的文明班级和创文明班级，金融管理学院于 2012 年开始举行班长说班情活动。通过班长说班情活动，深入研讨班级的制度建设、特色文化的打造及班级管理工作的方法、方式、手段，介绍、交流班长们各自工作中好的经验和体会，以提升班长对班级管理的水平和组织能力，提升服务同学的综合能力。

二、团支部书记说团情

共青团组织是中国共产党的助手和后备军，大学生团员更是占据高校大学生的绝大多数，加强和建设好基层团支部，事关大学生政治思想的引领和发展，事关基层团组织各项任务的落实和活动的开展、事关党员后备力量的培养与输送。团支部书记作为班级团组织的核心，对开展日常的大学生团员思想教育、建设好班级团支部的制度、开展团日主题活动和凝聚广大团员的力量具有十分重要的作用，为建设更多具有号召力、战斗力、影响力的"五四"红旗优秀团支部，培养更多的优秀团员，金融管理学院于2014年开始，开展团支书说团情活动，通过团支书们的工作介绍与体会交流，以达到相互学习、相互借鉴、共同进步的目标。

通过班长说班情和团支书说团情活动，既提升了班长和团支书个人的能力，同时也促进了班级的凝聚力、向心力和战斗力。

班长说班情

团支书说团情

三、学习委员说学情

营造良好的学习氛围，建设良好的班级学风，是高校大学生管理中极其重要的环节，也是保证大学生专业成才的基础，为积极推进"诚信、明理、笃行"的学风，金融管理学院在朋辈互助育人活动中，从2015年开始增加学习委员说学情活动，就班级如何加强学习纪律、营造良好的学习氛围、提升学习效率、有效开展专项技能练习、帮助学困生等问题展开交流、研讨与分享，牢牢把握住学习这条主线，使大学生真正成为"品德优化、专业深化、能力强化、形象美化"的高素质现代职业技能型专业人才。学习委员说学情活动为大学生掌握大学的学习方法、提高学习成效、营造良好的学习氛围创造了的条件，起到了很好的引领作用。

四、心理委员说"心情"

随着心理异常大学生人数的日趋增加，加强对他们的关心、关注和引导，使他们健康成长与成才成为了当下高校学生管理工作中的重要一环，而心理委员作为班级主要负责大学生心理工作的学生干部，不仅需要一定的专业知识，更需要有极其负责的工作态度和一定的工作经验、方法。为及时、准确地了解本班级心理特殊学生的日常生活、学习等状况，并做好相应的帮扶工作和应对处置，金融管理学院于2015年开始进行心理委员说"心情"活动，通过案例的分享、交流、研讨及互动，使心理委员在按照学校大学生心理工作机制的基础上，积累更多的工作经验，交流工作的方法、方式与手段，提升自身帮助心理特殊大学生的能力，认真筑牢大学生心理危机安全防范的底线。

学习委员说学情

心理委员说心情

五、寝室长说寝情

寝室是大学生的第一社会、第二家庭、第三课堂，寝室不仅是大学生温馨的休憩港湾，更是大学生学习、休闲、社交的地方，加强文明寝室建设无论对大学生身心的健康成长，还是对创建和谐平安校园均有着十分重要的现实意义。寝室长是管理、协调寝室的主要负责人，对于建设文明寝室具有重要作用。寝室长说寝情，主要是从文明寝室制度建设、文化营造、习惯培养、纪律执行、安全卫生、社交休闲等方面相互介绍、交流、借鉴，并通过寝室情景剧、寝室建设微视频等形式进行展示与宣传，目的在于把寝室建设得更加安全、卫生、温馨与和谐，使大学生养成健康、科学、文明的生活方式，创建和谐文明团结友爱的寝室文化。

六、安全委员说安全

安全是学校工作的底线，也是学生健康成长成才的首要前提。随着当前社会信息技术的快速发展和"互联网+"技术的广泛运用，网上形形色色的诈骗伎俩、各种带着幌子和陷阱的推销行骗、中奖诈骗以及社交安全等等，充斥着校园周边，不少大学生因缺乏一定的辨别能力，抱着侥幸心理屡屡上当受骗，不仅带来财物的损失，更在心理上带来极大的危害，往往造成难以挽回的损失及十分可怕的后果。为确保大学生财物、身心及社交等的安全，金融管理学院于 2018 年 9 月成立了学生安全监督管理部，每班设立了安全委员，做到日日有提醒，周周有小结，月月有总结，确保大学生的人生、财产、心理、交通、用电等的安全。通过安全委员说安全旨在大家树立重视安全的意识，要有人人讲安全、时时处处想着安全的底线思维。

寝室长说寝情

金融管理学院学生安全部成立

三、结语

班级朋辈讲堂主要是同辈互助育人的方式，通过相互的学习与交流促进共同提高，以上主要是班干部朋辈的相互分享，在于提升大学生自我管理、自我教育、自我服务的能力。

第三节　校际学生干部朋辈交流——思想碰撞之精彩

本节主要介绍校际学生干部的朋辈互助交流活动。随着金融管理学院朋辈互助育人工作的不断发展和机制的日渐成熟，朋辈交流的范围也由班级、院级逐渐扩展到校内院与院之间、校与校之间，甚至扩充到省外高校，通过增进学生干部之间工作经验的交流、实地考察，以进一步开阔学生干部的工作视野，拓宽工作的理念，提升学生干部工作能力，朋辈学生干部间的交流得到了参与各方的欢迎与好评。以下是校际学生干部朋辈交流的节选：

一、浙江传媒学院文化创意学院学生干部来学院进行朋辈交流

2014 年 11 月 18 日，带着满满的好奇与期待，金融管理学院学生会在主席周其亮的带领下访问浙江传媒学院文化创意学院学生会，踏出本校，寻求对外交流，对我院学生会的进一步发展至关重要。刚踏入传媒学院文化创意学院，便受到其学生会主席李茜诺等同学的热烈欢迎。在会议厅，开始了双方之间的交流座谈会。李茜诺主要介绍他们爱生节的活动安排，结合了"爱生、社会主义核心价值观和大学生创业"三方面开展了一系列的爱生节活动。其活动形式的新颖让我系学生会代表受益匪浅。周其亮就我院的学生工作情况进行了介绍，并就目前学生工作中遇到的瓶颈向以李茜诺为代表的传媒学院学生会干部们进行虚心请教。李茜诺等学生代表也对这一系列的问题进行分析并给予宝贵的意见。双方一起互动交流，畅所欲言，诙谐风趣，场面甚是融洽！最后，周其亮希望两校可以"从相识到相知，再到相融"，一起进步，一起成长！

为了让我院团学干部代表更加了解其传媒学院学生的学习生活状况，李茜诺还特意为金融管理学院学生干部们安排了体验午餐、参观校园以及参加爱生节开幕式暨导师制启动仪式，向我院团干部代表展示他们学院的优秀文化和独特风采。

与浙江传媒学院文化创意学院学生会代表的交流，摩擦出了友谊的火花，增进了两校之间的情谊。同时，外出参观交流也为刚接手学生会的新团学委员们搭建了更好的交流与沟通的平台，便于更快速、更高效地开展学生工作。

二、北京财贸职业学院、台湾德明财经科技大学学生干部来访开展朋辈交流

2016 年 5 月 30 日下午，在 8119 教室举行了北京财贸职业学院、台湾德明财经科技大学与浙江金融职业学院金融管理学院三校学生干部交流会。金融管理学院部分第八届团学委员、第五期银雁班班主任刘俊、孙瑜婷及银雁班全体学员、北财贸交换生以及台湾德明财经科技大学的学生干部参加交流会。交流会由金融管理学院徐梵钦主持。

北财贸的 14 级学生干部刘伟、14 级学生干部胡雅兰、14 级学习尖子徐雪雪、14 级学生干部秦曈热情地和同学们分享了他们自己的工作经验，总结为以下几点：①做好自己本职工作的前提下，要积极思考提高创新能力；②做事要有团队精神。在团队中，同学们要做的不仅是自己的团队团结向上，更要把团队精神发扬光大；③要注重平时交流的畅通，便于相互了解信息，掌握情况；④拥有志愿精神是非

常重要的，用最伟大的爱，去做最微小的事情；⑤学习是一个不断努力的过程，但平时学习过程中，要注重工作效率，学会认真合理地安排时间；⑥策划或者举办活动时要多多关注时事新闻，开阔自己的眼界。台湾德明财经科技大学的代表认为朋辈互助是我校金融管理学院的特色，通过加强和学长学姐的交流有利于提高同学们的思想认识与能力值得借鉴学习，他们也介绍了自己学校注重环境文化育人的做法。

我院学生干部郑文成、姜敏媛等听了北财贸、台湾德明财经科技大学的团学干部发言后，在他们的基础上也谈了自身的工作体会，认为要成为一个好的学生干部还要有服务好同学的意识，我们从同学中来，就是要想同学所想，为同学服务，为同学做事；其次是要有担当精神，在关键的时刻要敢于承担责任，在平时则要履好职，当好班；第三是要有实干精神，团学干部不仅在思想上有先进的理念，更要在行动上付诸实践，积极作为，做到言行一致；第四要有引领意识，作为团学干部无论在工作、学习、生活中都要有一种示范引领意识，做同学们信得过，靠得住的人。

三校学生的干部交流开拓了团学干部的工作视野，提升了他们的服务意识，增强了团学干部的工作责任意识，提高了工作的能力与方法，增强了团队合作的精神。三校的团学干部均表示收益颇多，交流会非常有意义。

三校团学干部朋辈交流

三、结语

校际学生干部的朋辈交流在于相互了解各自学校学生工作的文化理念与特色经验，在于思想、理念的碰撞，在于博采众长，提升自我，更好地服务于学生，彰显新时代大学生干部应有的素质与能力，校际学生的朋辈交流我们一直在坚持。

第四节　校友讲堂——朋辈互助育人之校友风范

校友文化是浙江金融职业学院的"三维文化"之一，本节主要介绍校友讲堂。2007 年学校设立了校友返校日，即每年 11 月份的第一个星期六是校友返校日和校友回校活动日。校友们从四面八方返回母校，既来看望自己心爱的老师，又与老同学相聚增进交流与沟通，同时也为学弟学妹们话就业、话人生、谈感恩，引领学弟学妹健康成长、优质成才、精神成人，学会做人、学会做事。校友讲堂体现的是校友对母校的真挚感情、对学弟学妹一份浓浓的爱，展示的是校友积极奉献、真诚感恩的风范与情怀，为学弟学妹们的成长与发展树立了榜样，同时也传承了校友文化。

一、校友话就业

"就业立校、服务强校、合作兴校"是我们学校的办学方针，如何更好地让在校学生了解当前的就业形势与行业、职业发展的趋势、职业要求，金融系每年都会邀请优秀校友为在校的金融学子进行"话就业"活动，并给学弟学妹们提供合理的就业建议与希望。每年期盼优秀校友来校进行话就业、话人生活动成了许多同学在校友返校日活动中最受欢迎的事。以下是两个优秀校友"话就业"的节选：

（一）优秀校友郑能文话就业

2014 年 11 月 1 日，人行余杭支行行长、87 届校友会会长郑能文在 8401 教室为金融管理学院的学弟学妹们分享就业的心得，认为"从当今的就业形势看，大学生普遍感觉到压力山大，提起找工作，都感觉到头痛，就业其实是社会学的概念，每个大学生必须读懂社会这个大概念，才能实现更好地就业"，基于现状分析他对学弟学妹们提出了合理的建议：①怀抱小草的心；②培养团队的意识；③享受成长的烦恼；④保证精神的成功；⑤平衡社会的关系。

（二）优秀校友周金祥话就业

中信银行桐庐支行行长的 86 届校友周金祥在 8306 教室与同学们进行了亲切

的交流，主要针对就业时可能碰到的困难进行了演讲，在互动环节是详细地解答了同学们提出的疑问，并希望要抓紧在校学习的时间，好好学习，不断提升自己，多读一些对就业有帮助的书，还告诫同学们，要把所学的知识与工作充分联系起来，这样将来才能服务好客户。

校友的演讲使同学们更加了解自己今后从事行业、职业的发展要求和要具备的职业素质，为自己制订好大学的学业生涯规划和今后的职业生涯规划有了更加清晰的目标，从中也懂得了如何做事的一些基本道理。

二、校友话人生

完美的人生需要精心的经营与打造。作为一名金融学生想要自己的人生完美无缺，就得走好人生的每一步，尤其是大学时代这个人生最美好的时光里，如何成就自己美好人生，既要树立远大的理想目标，还要脚踏实地的付出；既要掌握丰富的专业知识与技能，还要有坚强的意志品质；既要有自我独特的良好个性，还要有善于合作的团队精神。校友们用自己的亲身经历告诉同学们如何去创造属于自己的完美人生，下面是优秀校友们对金融学子如何经营完美人生的真诚建议：

（一）优秀校友何春生话人生

2015 年 11 月 7 日第九个校友活动日，95 届校友时任邮储银行衢州分行总经理何春生，在 8205 教室给金融管理学院 15 级国金专业与 14 级金融专业学生做了题为《追求最好的自己》的话人生活动，跟大家分享了他宝贵的人生经验。他总结了自己毕业二十年从自卑到自信的波折而丰富的人生经历，告诉我们失败了多少次都不要放弃。何春生校友提了以下几点人生经验：①实践出真知，勤奋树自信；②安全第一，避免人生陷阱；③态度第一，走好人生的第一步；④葵花宝典，快速胜任自己的工作；⑤屌丝逆袭，实现更好的自己。并结合自身的职业发展，给学弟学妹们提出了几点希望：①把学习当成一种习惯，努力工作才能学到真才实学；②从各方面充实、完善自己，多参加实践活动；③要理性、坚守底线不贪婪。

（二）优秀校友郑杰话人生

2014 年 11 月 1 日是学院第八届校友活动日，在 8305 教室 94 届杰出校友时任中国银行温州市分行纪检书记兼副行长的郑杰给金融系学子做了一场以"奔跑的力量"为主题的"校友话人生"讲座。郑杰校友以自己跑马拉松的经历，阐释了人生与奔跑的关系。人生没有捷径，只有不断地坚持不断地奋斗，不畏艰难险阻，奋力向前。在我们的工作和生活当中，我们面对许多的压力和困难，我们需要找到一个适合自己的方式去释放压力，而跑步就是他的一个最好的方式。跑步的真谛不在于他本身而在于坚持，坚持别人不能坚持的事，那么这就是你的成功。

听完讲座后，同学们非常兴奋和激动，对自己未来的人生充满了期待与希望。"听了报告以后，我对自己的人生也有了规划，我也想在毕业后通过自己的努力成为学校的骄傲"农金141班徐祖琳同学泪光闪烁地感慨道。

三、校友谈感恩

懂得感恩是一种人生态度，一种人格品质，更是一种道德修养。懂得感恩也是我们中华民族传统的优秀美德，懂得感恩会使人与人之间更加友善，懂得感恩会使我们的生活更加温馨，懂得感恩世界将更加和谐幸福。作为当代的金融学子学会感恩是其成长中必经的一环。金融管理学院党总支除了日常开展感恩学教育外，我们还每年邀请优秀校友来给在校的金融学子谈感恩、谈报答，让感恩的文化因子流淌在每个金融学子的血液中，印刻在每个金融学子的心田。以下是校友谈感恩的两则记录：

（一）优秀校友陈丽芬谈感恩

94届杰出校友时任浦发银行杭州分行大客户部总经理陈丽芬，在8301教室为校金融143、144班的同学做了《这里，遇见更好的自己》为主题感恩演讲，陈经理以专业的金融眼光就浙江近年的金融形式做了简单分析，以幽默轻松的语言结合丰富的照片与同学们分享了她工作和生活的点点滴滴。在场同学听得全神贯注，不时发出愉快的笑声。她说："从储蓄员到浙江省最年轻的支行领导到最年轻的分行领导，努力和好运一直陪伴着我，感谢母校的精心培养，感谢老师给予我以智慧与能力，感谢命运，让我在对的时间及时做了对的事，感谢遇到好时代，感谢生命中每一位帮助我和给我挫折的人，让我现在能如此优雅平静。但我要和同学们说：'你不努力，没人替你坚强，所以，奋斗吧，学弟学妹们，努力请从今日始！'"

（二）优秀校友韩明锦谈感恩

就职于中行瑞安塘下支行行长94届毕业生韩明锦，为金融管理学院学子做了一场《只要出发就能到达》的校友感恩报告。就如同其他获得成就的优秀校友一样，如今的她已成为一名浙江省人大代表。她讲述了从一名学校的自费生到银行的代办员（临时工）到支行管理者的人生成长经历。她认为学会勤奋与吃苦耐劳，就能造就一个人的成功。成功总是属于努力奋斗有坚强意志的人。那个始终坚持不懈，为目标而奋斗的她，她认为正是学校的培养很早就让了她确定了这样的奋斗目标、铸造了坚忍的意志品质。当她讲到她终于取得成就时，她脸上露出了欣喜、轻松的微笑，她十分感谢母校对她的培育，使得她在专业技能与知识上都能样样拿得出手。

校友陈丽芬谈感恩

校友韩明锦谈感恩

四、结语

校友讲堂呈现的是优秀校友作为朋辈育人主体，讲述自身在学校学习、生活、成长的过程、在职场所积累的经验与感悟及对母校的感恩，通过校友讲堂旨在使大学生懂得如何更好地、有针对性地加强在校的学习及毕业后在职场上少走弯路，更快地适应职业岗位，服务社会。

第四章
以知促行：朋辈互助育人实践载体

朋辈互助育人有许多实实在在的育人平台，本章主要介绍我们开展朋辈互助育人的实践平台。朋辈互助作为金融管理学院学生管理、服务与育人的主要手段与途径，除了第三章所述的学长讲堂、校友讲堂、书记讲堂外，我们还根据不同学生的发展与实际需要，从不同层面搭建了如银雁班、党员之家、职业技能强化训练营、团学干部展示墙等多种朋辈育人平台与载体。以真正培育好朋辈互助的育人主体，并把朋辈互助育人落实到不同类别的学生中去，让更多的同学在朋辈互助中获得锻炼和磨炼，得到进步与提高。

第一节　朋辈互助育人之银雁班

朋辈互助育人需要有许多优秀大学生作为育人主体，本节主要介绍金融管理学院培养大学生育人主体的主要组织——银雁班。

一、银雁班的内涵与职责

组建于 2012 年的银雁班是随着金融管理学院朋辈互助育人工作的不断完善与发展孕育而生，银雁班是现在金融管理学院培养学生干部的重要载体，是朋辈互助育人主体的主要培养机构。

"银雁"的文化内涵："银"是指浙江金融职业学院的前身是浙江银行学校，体现的是金融管理学院传承浙江银行学校优秀校风、学风的寓意；"雁"是指领头雁，希望进入这个班的同学能成为在学生中具有一定的号召力和领导能力，具有榜样力量的人。银雁班已形成了自己较为成熟的管理体系和考评机制，银雁班学员的选拔要经过基本条件的确认、笔试、面试，并要接受过程化管理及专门的组织培训与实践锻炼，采用理论讲座与实践活动的形式进行专门培训，经定期培训后还须通过考核及小组互评才能结业。银雁班的讲座由学院党总支书记、学院团总支书记、辅导员及学院相关专业的老师及学长学姐担任。金融管理学院的团学干部大部分来自银雁班。银雁班学员由第一届的不到 40 名发展到现在的超过百名，银雁班已在同学们心中已成为金融管理学院学生干部成长的摇篮，随着银雁班在学生中影响的日益扩大，目前报名参加应聘的学员数量也随之增加，已超过3：1，很多喜欢学生管理和服务的同学踊跃报名参加考试，这为金融管理学院团学干部的筛选与培养奠定了良好的基础。

二、银雁班——学生成长为团学干部的进修班

大学生团学干部是学校和二级学院开展学生管理、服务和组织各种学生活动的重要力量，金融管理学院银雁班就是培养团学干部的一个专门组织，尤其是十分欢迎热爱大学生管理、服务工作和喜欢组织各种活动的同学加入，银雁班会根据大学生活、学习及学校、学院各种文体活动的情况，邀请相关经验丰富的师生有针对性地开展培训，在相对集中的时间使学员及时了解大学文化与学生管理特点及开展各种活动的技巧与方法、手段，提升大学生成为学生干部的理论认知，提高学生成为团学骨干的综合修养。第二届学员章玺说："通过银雁班的学习我知道了学生干部应该掌握的工作方法：①少说多做。恪守少说空话，多干实事的原则；②虚心向他人学习；③就是作为学生干部对自我角色的定位。学生干部的前提和基本是学生，'干部'对于我们来说只是一个机会：一个可以为同学服务的机会，一个可以锻炼自我能力的机会。所以，作为学生干部首先应该放正自己的位置；④作为学生干部都应该有一个信念——认真做好每一件有利于同学们的事。"第五届优秀学员王珏璋说："银雁班给我们补了元气、去了娇气、添了灵气；培训让我们多了一份灵性、一份智慧、一份热情、一份坚定。为我们今后开展学生管理与服务工作打下了一个很好的基础。感谢银雁班的培养，使我获得成长与进步。"

三、银雁班——团学干部快速成长的摇篮

银雁班发展到现在，在日常管理上完全是学生自我管理、自我服务、自我教育的一个班级集体，除第一届班主任由辅导员老师担任外，其余各届均由老一届

的团学干部担任，班级采用分组管理，各组长由学生自我选举产生，期间开展的各种活动，包括日常考勤、宣传策划、素质拓展、早上出操、夜跑、学唱银雁班班歌《向快乐出发》、学做银雁班班操等活动，均由银雁班学员自己承担完成，就在这个学习培训期间锻炼了一大批学生干部，提升了银雁班学员管理、服务和组织各项活动的能力。第五期银雁班班主任刘俊（第八届金融管理学院学生会副主席）感慨地说："非常荣幸能成为你们的班主任，是你们教会了我很多，让我懂得了责任与担当的内涵，也让我体会了在管理中爱与严的滋味，更让我感受了集体的强大与合作的力量。尽管你们在银雁班学习的时间短暂，但让我高兴的是看到了同学们的快速进步与提升，相信大家在以后的日子里会更加优秀。"

四、结语

银雁班是金融管理学院培养朋辈互助育人主体的重要载体，也是培养学生干部的摇篮，通过在银雁班学习与培训，许多同学对学生工作的思想认识、工作能力均有非常大的提升，并在培训活动中也结识了很多志同道合的同学，为今后担任学生干部、开展学生工作打下非常好的基础。

第二节 朋辈互助育人之学生党员之家

本节介绍我们开展朋辈互助育人的第二个载体——党员之家。学生党员作为一个先进的大学生群体，是朋辈互助育人的重要主体。学生党员作为大学生成长成才的典型，其对同学的榜样作用是巨大的，充分发挥党员在同学中的先锋模范作用，是金融管理学院朋辈互助育人的一个重要内容。学生党员作为一个特殊的先进青年群体有其自身的组织活动、党的政治理论学习活动、党员思想交流活动等，为了确保学生党员群体活动的规范化、持续性，体现大学生党员在朋辈互助育人中的引领作用，金融管理学院党总支根据学生党员的实际情况，建立了学生党员之家，以突出党员组织阵地建设，让大学生党员牢固树立党员意识、明确党员身份，增强党的组织意识。通过党员之家的活动，既加强学生党员自身素质与修养，又积极发扬学生党员、党组织的先锋模范作用，既突出有形的党员阵地建设，更使大学生党员在内心树立无形的思想建设高地。

一、党员之家——学生党员开展思想交流的家园

大学生党员作为思想活跃、知识丰富的青年人，有着自己对党的认识、对党的大政方针的理解以及如何成为一名大学生合格党员也有着切身的感受等等，作为一名青年的大学生需要有思想的碰撞与交流、需要有对建设中国特色社会主义伟大事业的畅想与探讨。党员之家就是金融管理学院党总支为学生党员提供朋辈间进行思想交流的地方，以下是三个年级党员一起进行思想交流的一个节选：

2014年6月12日，金融管理学院团总支学生在8218会议室召开朋辈互助学长讲堂之新老学生党员交流会，大一党员代表邓侃，大二党员代表包盈盈、孙雅瑜，大三代表孙黎杰、徐怡捷、陈伟、郦骏以及大一学生代表参加了本次会议，会议由沈锦涛主持。

首先，大一、大二、大三党员代表分别进行自我介绍。随后，畅谈作为党员的经历。孙黎杰说成为党员之后，认识了许多优秀的党员，而且总是希望力所能及地去帮助别人。徐怡捷认为应当端正入党动机，明确自己的义务，要起到模范带头作用，要积极参加各种有益的活动，充分利用时间考取与行业、职业相关的证书。陈伟则认为，要带领同学应当先做好自己，以身作则。郦俊表示通过实习，体会很深的一点是，行业领导与同事都非常注重党员这一称号，对党员有很高的期望，在实践工作中要更多地为单位承担责任，主动奉献。接着，包盈盈进行代表发言，她为大家介绍了各位学长学姐，还分享了学长帮助自己的经历，同时也表达对学长学姐的美好期望。

大一的学生代表就如何更好发挥党员的先进性方面的问题对学长学姐进行提问，各位学长学姐也对相应问题进行详细耐心的回答。最后，陈伟与同学们分享了点钞学习的心得体会，即三到：心到、眼到、手到。郦骏也通过自己的实习经历分享在实践工作中的体验，应做到勤快、主动、善于沟通。本次会议在一个轻松愉悦的氛围中获得圆满成功。

朋辈党员交流会给各位党员和学生提供了一个相互学习和交流的机会，通过和学长学姐的交流，也让大家看到一个不一样的思想认识，让大家对工作中的情景等方面有一个较为详细真实的了解，对促进同学们今后的发展具有较大的意义。希望同学们以学长学姐为鉴，努力学习，争做优秀人才，也希望学长学姐未来的路越走越远。

二、党员之家——学生党员理论学习的家园

用先进的理论武装党员的思想，坚持认真学习党的理论、方针、政策，是大学生党员提高自我思想认识的一个重要途径，也是保持党员先进性的一个重要手段，金融管理学院学生党员利用党员之家经常性开展有关党的政策、理论、大政方针的学习，关心国事、天下事，保持党员本色。有关党的理论学习成为金融管理学院学生党员生活中的一件常事、要事，成为金融管理学院学生党员理论武装自我的一种习惯、一种自觉行为。以下是金融系学生党员自主学习的一个场景：

2015年12月17日在8102教室举行了金融管理学院学生党员十二月二次会议，参加会议的有学院全体学生党员，会议由洪涛主持。

首先，学生党员们在主持人的带领下观看了"十八届五中全会"的视频。通过学习大家明白了"法律面前，人人平等"的道理。作为学生党员应该增强时代的责任感和历史使命感，带头宣传、积极实践，努力做十八大精神的传播者和执行者。同时也号召大家团结一心，全面建成小康社会。

主持人为学生党员们确立了学习目标，要认真学习并贯彻十八大精神。大学是思想理论研究探索最具活力的区域，学生党员要"兼济天下"；并对在座党员提出几点期望共勉：立足本职、刻苦学习、抓住机遇，接受挑战。

洪涛还为各位学生党员讲解十八届三中全会的一些具体内容：①了解当前我国社会主义的基本国情；②认清我国社会主义市场经济建设的基本情况；③充分认识我国现阶段的发展机遇；④认清21世纪中国所面临的严峻挑战和困难，不能盲目安逸。

洪涛认为："天下兴亡，匹夫有责。大学生是未来建设社会主义的中坚力量，要担负起建设社会主义和谐社会的责任，尤其是大学生党员更要肩负起时代赋予的历史任务，不辱使命，为实现中华民族'两个一百年'的奋斗目标而努力。"

三、党员之家——学生党员开展组织活动的家园

大学生党员作为党组织的一员有义务参加各种活动，如参加党员民主生活会、党员发展工作、党组织的建设等，高校作为党员发展的重要阵地，吸收先进有为的青年加入中国共产党是高校党组织的一项重要工作，通过朋辈党员的宣讲，来吸引广大学生成为入党积极分子、成为党员是金融管理学院党总支长期坚持的工作内容。

2013年9月14日晚，为了让新生尽快了解大学期间入党的基本知识，学院

新生入学始业教育系列活动之一——入党教育宣讲交流会，在8号楼，各新生班教室学院学生党员代表、各班班助以及全体新生都参加了此次活动。

入党是每位同学思想意识提高的重要方面，也是体现广大新生同学积极参加党组织的明确方向。优秀党员们以自身的入党之路为参照，向广大新生讲述不一样的学生入党经历和达到这个标准的要求。围绕"大学生入党条件、入党程序、入党意义、入党申请书书写规范"等几个方面做了深入浅出的讲解，告诉大家如何从有入党热情的青年大学生一步步成为真正的中共党员；随后，他们就个人经验，向新生们介绍学校的一系列对党员的要求和规定，就如何从思想上入党做了简要的阐述，同时也对一些错误的认识和想法做了列举和指正。党员们认为入党不是一种光环，而是一种责任，即使一个人从组织上入了党，而在思想上还没有达到党员的要求，那就不能成为一名合格的党员。最后，党员们与新生进行了互动交流，就学生们比较关心的问题做了集中解答，并鼓励大家都能积极向党组织靠拢，为党组织注入新鲜血液。

通过学习，广大新生了解了党的基本知识、明确了大学生党员的条件和党员发展的程序，加深了对中国共产党的认识和了解，明确了奋斗目标，提高了大家的入党积极性。本次宣讲会为刚刚踏入大学校门、逐步走向成熟的新生们上了生动而有意义的一课，使大家的思想境界有了进一步升华，同时也激励了每一位同学早日成为一名光荣的共产党员的坚定决心，本次宣讲会安排学生党员上台讲解，既是对学生党员对党的知识、入党各方面要求了解的一次检验，也是展示我院学生党员优秀能力的体现。

党员林智观在宣讲

党员罗廷之在宣讲

四、结语

党员之家作为朋辈互助育人的一个特殊载体，其主要职能是加强大学生党员和入党积极分子更好地爱党、护党、为党、崇党，其主要作用在于发挥学生党员的先锋模范作用，尤其是新时代广大学生党员要做坚定"四个自信"、牢固树立"四个意识"、做"两个维护"的先进榜样，彰显大学生成长成才的典型，为朋辈树立模范作用。

第三节　朋辈互助之金鹰技能尖子班

本节介绍朋辈互助育人的另一个平台——金鹰技能尖子班。培养学生练就过硬的职业技能是高职院校办学的看家本领，也是高职院校教学应有的特色，更是高职学生走向社会，立足岗位的职业本领。金融管理学院作为传承浙江银行学校金融文化的专业学院，加强对学生职业技能的训练、培养职业技能尖子、传承金融技能文化责无旁贷。为体现掌握学习、练习职业技能的重要性，金融管理学院在注重第一课堂技能教学的同时，也十分重视学生第二课堂职业技能的训练与比赛，并于2006年成立了金融管理学院职业技能强化训练营，随着强化训练营所培养的技能尖子不断涌现，职业技能强化训练营也成了朋辈互助育人的重要载体，成了技能尖子刻苦训练、相互学习交流、比拼、提高自我的地方，也成了同学们向技能尖子学习取经的好去处。

一、金鹰技能尖子班的命名与内涵

为传承学校多年的办学特色，彰显金融管理学院技能文化的特点，更好激励更多的金融学子掌握职业本领、练就职业技能，弘扬技能文化和工匠精神，通过党总支的集体讨论与酝酿，我们把学生的技能尖子班命名为"金鹰技能尖子班"，其蕴含的文化内涵："金"代表着金融管理学院、浙江金融职业学院，"鹰"是一种鸟类，双翅宽厚有力，搏击长空，双目明亮犀利，锋芒毕露，双爪锋利有力，抓住猎物，从不放弃，鹰勇往直前、自强不息、永不放弃的精神品质，得到世人的赞颂；大学生学习技能需要耐得住寂寞，敢于勇往直前、不怕苦、不怕累、不放弃，有不断突破自我的毅力和品质，真正成为技能尖子，成为学习技能和掌握技能的领头鹰；同时"金鹰"一词与"精英"同音，希望尖子班的学生既要成为学习和掌握技能中的精英，更要成为大学生全面发展的精英。

二、金鹰技能尖子班——朋辈互助比、学、赶、帮、超的平台

金鹰技能尖子班不仅是金融管理学院学子技能练习、交流、日常比赛的地方，也是同学们进行技能强化学习的地方，更是朋辈互助育人的好场所，旨在让同学们懂得掌握技能的重要性及倡导练习技能的良好氛围。金鹰技能尖子班每周安排两次集中练习，每学期进行一次技能擂台赛。到了 2014 年 4 月 17 日，金融管理学院在原来赛事的基础上举办了第一期技能团体大赛，持续到现基本保持每个月进行一次技能团体大赛，至今已举行了近 20 期技能团体大赛；2016 年 4 月、5 月两次开展与会计系开展技能尖子联谊赛，努力做到以练备赛，以赛促练，赛练结合，形成朋辈、同学之间比、学、赶、帮、超的良好互动局面，金融学子在金鹰技能尖子班营刻苦训练、认真比赛的景象也成了学院一道独特、亮丽的风景。

三、金鹰技能尖子班——金融管理学院技能尖子诞生的摇篮

金鹰技能尖子班不仅注重日常的练习，让学生参加系级的技能比赛，并积极鼓励同学们在更高级别的技能比赛中展示自我、证明自我，不少技能尖子正是在大赛中崭露头角，并为学校和金融管理学院争得了荣誉、赢得了口碑、彰显了示范。我院学生连续 6 年在全国高等职业院校银行综合业务大赛中获得桂冠，如在 2013 年全国大学生银行业务技能大赛上，金融 114 班赵畅桦获团体一等奖；在 2014 年的全国高等职业院校银行综合业务技能大赛中，我校代表队经过前期的精心准备，刻苦训练，取得了团体第一名的好成绩，而金融管理学院农金 121 班林佳滨同学作为参赛队员获得了点钞单项第一名；在 2015 年全国大学生银行综合业务技能大赛上，我系学生再获优异成绩，与其他系同学合作努力荣获综合业务（对公业务和零售业务）和手工技能（点钞、电脑传票和字符录入）两个团体赛项和三个单项赛项所有项目的一等奖，其中农金 132 班江伊荣获对公业务个人二等奖，金融 135 班钟思思荣获零售业务个人三等奖，金融 137 班徐雯燕和江伊分别以第二、三名的成绩荣获手工技能个人一等奖。2016 年全国大学生银行综合业务技能大赛上，我院学生农金 142 班叶嘉威同学获团体一等奖和个人点钞技能一等奖；2017 年全国大学生银行综合业务技能大赛上，我院学生农金 152 班石子祥、金融 148 班叶舒展、农金 142 施玲佳、叶嘉威同学获团体一等奖；2018 年全国大学生银行综合业务技能大赛上，农金 162 班张文武、金融 1710 班吴逸凡、牟安琪同学获团体一等奖；在 2019 年 4 月的浙江省高职高专院校技能大赛"银行业务综合技能"大赛中，一队选手金融 1710 班滕璐瑶、牟安琪，金融 178 班徐彬彬

等同学获总分第一,二队选手农金 172 班余雨香、农金 173 班王健等同学获总分第四，均荣获团体一等奖；还有在 2015 年 5 月 13 日，第二届"江苏银行杯"职业技能联谊赛上，农金 131 班朱佳辉、金融 135 班钟思思、金融 137 班徐雯艳包揽单指点钞前三名，朱纯（我院校友）、农金 142 班施玲佳、曹恩军包揽中文单字前三名；2016 年 6 月在第三届"江苏银行杯"职业技能联谊赛中，金融系学生发挥依旧神勇，纷纷战胜江苏银行工作人员，其中农金 142 班叶嘉威获一等奖，农金 142 班施玲佳获二等奖，再次体现了我院技能尖子的综合实力和风采，这样的比赛获奖还有不少，而这些获奖选手、技能尖子均来自金鹰技能尖子班。

在全国大学生银行综合业务技能大赛上的获奖证书

四、结语

掌握职业技能是高等职业教育对每个高职生提出的基本要求，同时也是大学生今后职业的需要。金鹰技能尖子班，一方面，为大学生提供专门练习技能的场所，同时通过技能尖子的引领与示范，激发大学生们对职业技能的练习兴趣和信心，提升大学生职业技能的水平；另一方面，为培养大学生们的工匠精神提供良好的环境氛围，以更好地养成大学生良好的职业精神。

第四节　朋辈互助育人之社会实践

社会实践是一种学习性、成长性和社会化的活动，是把大学与社会结合起来、把理论知识与实践结合起来的教育方式。大学生通过参加社会实践活动，不仅有助于增长知识和见识，增长才干和能力，还能有助于形成正确的世界观、价值观和人生观，使良好品质得到实践的检验、巩固与提升。通过社会实践活动真正使大学生达到知行合一，以知促行，以行促知的育人效果。一直以来金融管理学院党总支十分重视学生的社会实践活动，并通过朋辈互助育人的方式，开展了社会支教、专业服务与调研及社会公益活动等系列社会实践活动，传承了服务社会、贡献社会的公益精神。

金融管理学院党总支、团总支与安徽休宁县大连村、安徽广德县箭穿村、安徽黟县柯村镇等地方建立了长期的社会实践基地，每年带领学生利用暑期开展社会实践活动。

一、社会支教实践：奉献自己，服务社会

大连村，地处黄山市休宁县东南部山区，位于"三江"源头，与江西婺源相邻，辖上大连、查山、戴坑、下连一、下连二、麻田六个村民小组，总人口1786人，林地面积63297亩，旱地54.3亩，水田254.9亩，茶园1109亩。该村距县城近80公里，是休宁县最为偏僻的村组织之一。大连村传统的种植业以茶叶、水稻为主，与林业生产相结合。村中青壮年劳动力主要以外出务工为主，主要务工区域为江苏南部和浙江部分地区，村中常年留守老人和儿童，是具有典型代表的留守儿童集中区域。为使留守儿童获得度过有意义的暑期，得到更多的社会关爱，金融管理学院的师生从2016年始把大连村作为社会实践基地进行支教，每年有一大批学生参与到其中，陪伴当地的留守儿童学习知识、开展文艺活动等。每次在选拔支教学生时，我们均采用朋辈互助的方式进行，通过社会实践动员、面试等环节，挑选出优秀的学生组成社会实践小分队。以下是2016年一位支教安徽休宁大连村同学的心得体会：

在大连村的7天中，我们开展了许多活动，给小学生上课、辅导功课、

培养他们的兴趣爱好、让他们积极动手、动脑，在那里，我们学到了许多课本上学不到的东西，同时也看到了一些问题。我们更学会自立、自主，同时对责任与义务有了更深刻的认识。作为一名现代大学生，我们不仅要学好课堂知识，我们更应该放眼社会，多方面扩展自己的认识，让自己成为一名合格的大学生，我们更要学会做人，做事要井井有条，要明白自己的责任和义务，展示当代大学生的风采。通过此次活动，让我受益匪浅：15位师生一起走过了一个星期的支教生活，时间虽短，但我们很快就有了共同的语言，形成了很好的默契。我们很渺小，但我们时刻都保持着最旺盛的精力；我们很顽强，因为我们有努力拼搏、吃苦耐劳的骨气；我们很幸福、快乐，因为我们是一家人。我们15位师生齐心协力，意志坚定，战胜困难，凝聚着强大的团队意识！在工作中，我们时刻保持着严肃、谨慎的态度，我们做好最充分的准备，因为这就是处理问题的最好办法。

我认为责任心是开展支教活动的灵魂，对学生的了解是上课成败的关键。只有了解了学生的需求和学生渴望的教学方式等，才能上好一节课。所以，每天队员们都想方设法去与学生聊天，聆听孩子们的心声，打开他们的心扉。通过此次活动也带去了我们的成果。孩子们的欢乐是我们前进的动力，为期一周的支教活动是最开心的日子，根据他们的实际情况做相应的课程变动，但是看到他们一张张堆满笑容的脸，再辛苦我们也是快乐的。我知道我们给他们带去了欢乐，他们的点滴进步都是我们成功的标志。老师们的认可，是我们幸福的源泉，当听到小学校长说，"感谢同学们来到这里支教，感谢同学们为我们这里的孩子带来的爱心"时，我们都会心地笑了。

二、专业调研实践：了解社会，提升自我

以专业知识和技能服务社会是大学生自我价值的一个重要体现。金融管理学院的大学生通过反假币知识宣传、金融普惠知识的宣传及金融经济的实践调查等途径和方式，把所学的知识与技能更好地服务社会、服务百姓，尤其是相对较为偏僻的山区群众提供专业的金融服务，受到了当好群众的好评，我们除了上述安徽地区的实践基地外，还对浙江丽水遂昌县金竹村开展专业调研与公益活动。

在参加专业社会实践活动的过程中，同学们还认真撰写了专业调研报告，如2018年在朱维巍、刘兆阳老师的指导下，王乐、陈苏焕、王中锐、陈新新等同学完成了《普惠金融视角下安徽休宁大连村隔代教育现状与对策调研报告》，更有不

少调研论文获得各级种类奖项如：在 2014 年由中国金融教育发展基金会组织开展的"进出口银行杯"大学生暑期社会实践有奖征文评选中，阮秀媛、王涛、周立江撰写的调研报告《运用政策性贷款解决微小企业融资的调研分析》（指导老师王娟）荣获一等奖；方明彩、万潞、郑茹倩撰写的调研报告《杭州城镇居民网上银行使用情况调查报告》（指导老师李敏），吴佳丽、朱鸿枫、李梦露、周娇娇撰写的调研报告《城镇居民对信用卡、银行卡及网上银行消费的风险认知程度调查及风险隐患点的改进建议》（指导老师江逸），丁伟梁、赵嫣倩、陈梦翎、潘艳锋、陆智宏撰写的调研报告《当代大学生对金融产品的了解及参与情况调研》（指导老师金晓燕、沈卓逸）等三个项目荣获二等奖；同学们通过专业社会实践一方面获得了社会的认可，同时也使同学们更好地把实践与理论结合起来，在实践中锻炼了自我，更深了解了社会，同时更提升了自我。

宣传反假币知识社会实践活动

三、社会公益实践：SUNNY爱心志愿者——只要人人献出一点爱世界将变成美好的人间

SUNNY爱心社是金融管理学院党总支、团总支直属的社团，志愿者们本着"你做一点，我做一点，世界就会变得更加美好一点"的宗旨，为需要提供帮助的人们奉献他们最大的爱心。

SUNNY爱心志愿者们坚持的活动有志愿者行动、爱心衣加一活动、爱心伴老人、我为运动会做点事、爱心义卖、手语教学、社会调查、募捐、校内外交流等不同形式的活动激发广大同学对社会、人生和爱的关注和反思，传递爱心，在一次次有奉献爱心的活动中，让爱温暖校园的每一个角落，温暖社会。

SUNNY爱心志愿者们近几年来，在服务好校内师生的同时，积极走出校门向社会奉献爱心，坚持服务敬老院——与杭州笕桥镇老人公寓结对，定期看望、照顾老人；2014 年始服务阳光小学的孩子们——遂昌县金竹村古楼小学以及民工子弟的孩子们，给孩子们送文具、支教活动，得到遂昌县当地媒体的关注与肯定；坚持看望贫困学生、贫困老党员，给他们送温暖活动；SUNNY 爱心志愿者们的这些活动在校内引起了广大师生的强烈反响。

SUNNY 爱心志愿者们始终相信，爱能创造奇迹，爱能将在你我之间共同传递！

第五节　朋辈互助育人之楼宇文化

学校的自然环境，校园的建筑设计、整体布局、景观设计、色彩匹配等作为物质环境要素，在承载一定的审美内涵基础上也赋予了特定的育人价值，成为育人内容的一部分。高校是教书育人的地方，几乎所有的大学都十分重视挖掘校园物质环境的育人价值，一幅壁画、一尊雕塑、一汪池水、一堆假山、一个宣传栏、一排展板、一块黑板往往都是经过教育的构思与打磨，或者象征某种精神，或者启迪某种智慧，或者引发某种情愫，或者诠释某种道理，使大学生在日常的学习生活中潜移默化地产生与物质的心理互动，使他们的世界观、人生观、价值观发生积极的、潜移默化的变化，从而在不经意中实现环境育人的效能。从这一意义上说，物质环境也是一种非常重要的育人载体，通过间接的、内隐的、非特定的心理反应方式达成文化育人的目标。

本节介绍朋辈互助育人的另一载体——教学楼宇文化。结合上述环境育人的特点，我们主要通过建设金融管理学院教学楼宇文化，使同学们在潜移默化中感知朋辈互助育人的理念、感受朋辈互助育人的影响与魅力。教学楼宇文化主要以图片、照片的形式呈现朋辈互助育人活动、获得的成绩等，同时展示二级学院团学干部、朋辈育人主体等。楼宇文化是金融管理学院倡导、弘扬朋辈互助育人精神的具体介质和手段，是我们朋辈互助育人文化的有机组成部分。

一、教学楼宇文化

楼宇，即楼房、大厦，"楼"字在古汉语中表示"设在高处的建筑"，"宇"字在古汉语中也有房屋、屋檐的意思，从字面意思来讲，楼宇指高大的房屋建筑；教学楼宇是指学校用来开展教学的建筑，在这里我们特指金融管理学院学生日常工作教学的楼宇。楼宇文化是指人们对某幢楼宇所承载的各种文化因子的总称（包括楼宇的名字、规章制度、宣传文化、楼宇活动等），主要体现的是楼宇所在人员的文化价值观念和思想、行为。在这里我们主要是介绍学生教学楼的走廊朋辈育人宣传文化。

二、教学楼宇文化之朋辈育人活动展示篇

为宣传朋辈互助育人理念，营造良好的朋辈互助育人氛围，让朋辈互助育人成为一种大学生的文化自觉，我们积极利用教学楼的走廊空间，精心设计，合理布局，充分利用教学楼的二层走廊，专设朋辈互助育人文化主题，认真做好朋辈互助育人文化的宣传，在展示朋辈互助育人基本理念的同时，更多地展示开展朋辈互助育人的各类具体活动和取得的优异成绩，以大力弘扬朋辈互助育人中的先进集体和个人，弘扬正气，传播正能量，积极引领社会主义核心价值观的新风尚，让互帮互助成为金融管理学院大学生的一种日常行为习惯，真正使朋辈互助育人成为学生成长中的文化因子，流淌在他们的血液中。

三、教学楼宇文化之团学干部展示篇

团学干部是学生中的先进分子，是学生中表现优秀的佼佼者，更为重要的是团学干部绝大多数是学院朋辈互助的育人主体。能成为学生中的干部既体现了同学们对团学干部的信任，也彰显了团学干部在同学们心目中的地位。我们以楼宇文化的形式进行展示，是给团学干部亮牌、出彩，既是对他们承担学生工作责任的肯定，同时也在学生中倡导能成为团学干部是光荣的育人理念；同样希望团学干部要更好地为学生服务，因为群众的眼睛是雪亮的，尤其你已经上墙展示了以后，是不是一个优秀的团学干部，是不是一名一心一意为同学服务的好干部，能不能发挥好他们在朋辈互助育人中的骨干作用，老师和同学们每天都在看着你们的一举一动呢！以下是部分团学干部对于楼宇文化中展示自我的一些感受：

（一）团学干部荣誉的展示

从激励人的角度说，是一面荣誉之墙，体现的是同学们对团学干部工作能力的肯定，从这么多的同学中被选出来成为团学干部是一种荣誉，值得团学干部们努力追求与好好珍惜。

"当我看到自己在第八届学院团学委员展示墙上时，心中感到非常自豪和开心，从心底里告诉自己这一刻起要更加珍惜这个来之不易的荣誉，要从学院着眼，

用心做好每一项工作"金融管理学院学生会副主席郑伟杰激动地说；"这是一面荣誉之墙，她给我以自豪，给我以动力，我为荣誉而不懈拼搏"学院学生会秘书长劳丽红动情地说；另一名学院学生会副主席徐欢欢则表示："这份荣誉是自己经过认真工作、不断努力付出而得来的，是老师、同学对我的认可，我要倍加珍惜，并为之更加勤奋工作"；学生团总支办公室主任孙瑜婷则借用达·芬奇的话表达了对荣誉墙的切身感受："'荣誉来自勤劳的双手'，我用勤劳获得了荣誉，将用这份荣誉更好地激励自己更好地前行"。

（二）团学干部的责任展示

从所承担的工作职责讲，是一面责任之墙，体现的是团学干部承担的一种责任，人说："在其位，谋其政"，团学干部如何履好职、服务好同学，为学院、学校建设做出应有的贡献是每个团学干部积极思考的问题，而不是徒有虚名的一种称呼。

"把责任意识融化在自己的血液中、骨髓中，尽自己百分百努力做好每一件事件成为自觉行动"，在看到团学干部展示墙后，第八届学院团总支副书记钟婷婷在工作总结中深情地写道；学院年级管理中心主任余慧敏则牢记着托尔斯泰的一句话："一个人若是没有热情，他将一事无成，而热情的基点正是责任心。"来勉励自己，作为一个团学干部要时刻谨记"责任在心，担当在肩"。学生新闻中心主任丁晓萍则用林肯先生的话诠释了作为团学干部的责任意识：每一个人都应该有这样的信心：人所能负的责任，我必能负；人所不能负的责任，我亦能负。如此，你才能磨炼自己，求得更高的知识而进入更高的境界。

（三）师生对团学干部的监督

团学干部的展示，作为向同学们展示的窗口，从管理团学干部的角度讲，则体现的是师生对团学干部们的一面监督之墙，每个团学干部的职责一目了然，团学干部的形象在每个同学心中更加清晰，如何引领同学们同成长、共进步，师生将共同见证团学干部们的所作所为。

学生会执行副主席叶嘉威站在团学干部展示墙前说："从学生干事成长为学生干部，我始终意识到自己做的每件事老师和同学们都看在眼里，我要时刻监督好自己的一言一行，要做到表率作用，只有自己身体力行，才能更好地带动身边的人，也才能经得起别人的监督"；"作为一名团学干部，一直以来我觉得自我反省、自我监督非常重要，古人云：一日三省吾身。而今学院把我们团学干部展示出来，我想这既是一份荣耀，但更多的还是一份责任，尤其是还得客观地接受更多同学、老师的监督和评判，我们当勤奋工作，无愧师生的关爱"第八届学生会副主席成天昱真诚地说。"作为学生会主席，非常荣幸能和小伙伴一起为学院学生工作贡献一份自己的力量，看着墙上的自己，在感到光荣的同时，我仿佛觉得有成千成百双眼睛盯着我们，唯有全心全意为老师和同学服务才无愧此荣誉。"郑文成满腔热情地说。

四、结语

朋辈互助之团学干部展示墙是加强管理学生团学干部的一种新方式，既给予高度认可，同时，也发动广大朋辈学生给予密切监督、关注，帮助他们又快又好地成长，服务于同学、服务于老师、服务于学校，体现出团学干部的责任与担当，真正成为一名受同学欢迎和老师信任的学生干部。

第五章
实践探索：学生骨干朋辈互助育人

　　大学生正处在一生中成才成长的关键时期，他们是建设有中国特色社会主义事业的生力军，而大学生中的骨干则是大学生群体的精英。也是学生实现"三自教育（自我管理、自我教育、自我服务）的组织者、管理者和实施者"。高职院校学生骨干队伍基本上是由学生党员、团学干部、班级干部等组成。他们是高职思想政治教育工作的中坚力量，也是沟通师生感情、传达师生信息的桥梁和纽带，他们的能力和水平关系到学校培养人才的质量和学校的声誉。因此，培养好一支作风正、素质高、业务精的学生骨干队伍显得尤为重要。

第一节　学生党员朋辈互助育人

　　学生党员是学生群体先进分子的代表，学生党员教育是高职院校思想政治工作的主要组成部分和有力抓手，伴随着高等教育大众化的推进，我国的高职教育迅速发展，已成为半壁江山，高职学生党员人数也在增多，与时俱进地做好高职学生党员的教育与管理是加强和改进高职院校党的建设和思想政治工作的客观要求，是促进当代青年健康成长的迫切需要；与此同时，学生党建工作队伍建设远远不能满足高标准高要求的学生党员教育管理需要。为此，探索符合新时代高职院校基层学生党员教育管理——学生党员朋辈教育管理新模式，显得尤为迫切重要。

一、加强学生党员教育管理是高职院校提高人才培养质量的需要

党中央高度重视高校学生党员发展和教育管理服务工作。党的十八大强调，中国特色社会主义事业是面向未来的事业，需要一代又一代有志青年接续奋斗。2012 年 6 月，在部分高校党建工作座谈会上，习近平总书记强调，高校是高层次人才培养基地和"蓄水池"，按照党章规定的党员标准做好高校党员特别是学生党员的发展工作，对确保中国特色社会主义事业后继有人具有重大而深远的意义。为贯彻落实党的十八大精神和习近平总书记一系列重要讲话精神，切实加强高校学生党员发展和教育管理服务工作，提高大学生党员思想政治素质和大学生党员队伍整体素质，2013 年中组部、中宣部、教育部党组联合印发《关于进一步加强高校学生党员发展和教育管理服务工作的若干意见》对进一步加强高校学生党员发展和教育管理服务工作做出了统一部署。长期以来，按照中央一系列重大决策部署，各高职院校党委都非常重视学生党员队伍建设，认真做好学生党员培养、发展和教育管理服务工作，学生入党意愿持续高涨，学生党员数量逐步增长，高职院校党的基层组织建设不断加强。高职学生党员是高职学生中的骨干分子，高职学生党员队伍建设是高职院校党的建设的固本工程。因此，我们必须认真分析高职学生党员培养、教育和管理的现状，从而探索出一条符合新时代高职院校基层学生党员教育管理的新路径。

二、高职院校学生党员培养现状的分析

多年来，高职院校学生党员队伍的整体素质不断提升，理想信念更加坚定，爱国热情持续高涨，社会责任感显著增强，道德素质和现代文明素质明显提升，思想政治面貌发生明显变化。尤其是在关键时刻和大是大非面前，学生党员在学生群体中的先锋模范作用发挥突出。但是，我们也必须清醒地看到，高校党员发展和教育管理服务工作中还存在一些薄弱环节。

（1）对发展学生党员的入党动机和理想信念的教育力度不够，发展的学生党员质量有待进一步提高。高职大学生同样处在人生观、价值观和人才观形成的重要时期，他们面对"互联网＋"的新时代，抵御社会上各方面不良风气影响的能力偏弱，申请入党往往不是自己的理想信念和人生追求，有的人云亦云，盲目跟风，表现在别人写申请书自己也写的从众心理，有的急功近利、为满足父母的愿望，为自己将来好找工作，这些都是对党的认识不足、入党动机不纯的表现，从而加大了教育和培养的难度。

（2）对学生党员教育培养不够系统规范，教育形式和内容的针对性、实效性有待进一步增强。高职院校学制一般只有三年，而培养一位学生入党的周期差不多要两年，由于学历周期与发展党员考察周期之间的矛盾，导致培养过程的仓促，虽然注重党员发展规定的硬性指标，但是入党学生思想上并没有真正成熟，加之入党后基本上就要离开学校进行毕业实习，造成入党后续教育和培养工作难以持久，由于学生党员的快速流动也无法形成相对集中固定的学生党员群体，对学生党员教育培养难以系统化和规范化，教育形式和内容的针对性、实效性难以保证，学生党员的先锋模范作用难以持续稳定。

（3）基层党组织生活形式较为单一，凝聚力和吸引力有待进一步增强。高职院校由于学制短，其组织系统是一个框架，年级没有党支部，班级没有党小组，形成上边重下边空的局面。其学生党员活动内容、形式比较单一僵化，缺乏生机，支部会议或活动往往局限于解决新党员发展问题或学习文件精神、大政方针，深层次的思想交流，批评与自我批评等增强党性修养的活动相对缺乏，造成基层党组织的凝聚力和战斗力缺乏。

（4）基层党务工作者相对不足，学生党员的培养难以做深、做细、做精。高职院校普遍采用（院）系党总支书记负责，辅导员和班主任老师参与的学生党建工作体系。随着近几年高职学生规模的不断扩大，但基层党务工作者、辅导员的增长相对学生党员人数的增长不足，有些班主任老师又是非党员，教师党员的工作重心在科研、教学等因素，导致基层党务工作者与学生党员培养工作之间的矛盾日益显现，教师党员承担入党积极分子的培养任务十分繁重，直接影响学生党员的培养质量。

这些问题直接关系着高职院校为党培养新人输送新鲜血液，也影响着学生党员队伍的生机活力，必须加以切实解决。笔者在长期的高职基层学生党建工作中，带领团队针对高职院校学生党员教育管理的现状，创新提出学生党员教育管理新路径——分层次进行朋辈教育的培养模式，正确规划党建工作目标，细化组织发展工作程序，采取"三支队伍"分层朋辈教育方法，形成全体教师党员培养学生党员核心骨干，学生党员核心骨干带动入党积极分子的良性循环，做到人人都能把党建工作融入到思想政治教育与专业教育工作之中，融会贯通，环环相扣，为党的组织发展工作提供强有力的保证，以真正全面提升学生党员的综合素质，提高学生党员的核心竞争力。

三、探索学生党员朋辈教育培养新模式

所谓学生党员朋辈教育管理是指在金融管理学院党总支加强学生党员骨干队伍建设，高度重视学生党员骨干分子培养的前提下，充分发挥学生党员骨干分子的作用，对"三支队伍"的建设和管理实施朋辈教育管理的模式。所谓"三支队伍"是指"申请入党学生队伍""入党积极分子队伍""党员队伍"。当前这三支队伍分别占学生总人数的95%，35%和10%，加强这"三支队伍"朋辈教育管理，有利于高职院校学生党员培养的质量。

（一）重视高职学生入党启蒙阶段的朋辈教育，夯实"申请入党学生队伍"

首先，新生一入学，金融管理学院党总支就对他们进行"大学生如何在政治上要求进步"的教育，强化学生的政治意识，启发他们的入党愿望，激发他们的政治热情。安排学生党员骨干分子分别下到各班级进行宣讲党的基本知识和入党的基本标准和程序，引导学生积极向党组织靠拢，递交申请书的学生达到学生总数的95%以上，有的班级人人写了入党申请书。这支队伍似"金字塔底"，表明多数学生都有一定的政治觉悟和思想追求，都有加入中国共产党的愿望，因此，夯实这个基础是重要的党建关口前移。

其次，注重发挥学生党员骨干作用，帮助新生端正入党动机，树立正确的人生观、世界观、价值观至关重要。一方面，营造良好的入党氛围与入党情境，如：学生党员骨干带着新生布置"学生党员之家"，"优秀学生党员"先进事迹宣传橱窗，整理党员学习资料；另一方面，学生党员骨干分子挂牌走进新生班级给新生上党建常识课，主要讲解《学生入党程序》《学生入党条件标准》和每个时间节点的要求等等，让新生一走进校园就能感受到学生党员的魅力和党组织的凝聚力，有效地激发了学生入党的自觉意识，端正了学生的入党动机。

（二）加强入党积极分子队伍的朋辈教育，确保发展党员的数量和质量

入党积极分子队伍是"三支队伍"的中坚力量。因此，建立一支有一定数量和较高质量的入党积极分子队伍，是发展党员数量和质量的保证，必须坚持标准、严格发展程序和纪律，强化教育的针对性，强化考核的实效性，强化管理的透明性。

（1）由学生党员骨干分子深入班级成立党章学习小组，把入党积极分子学生编入党章学习小组开展自我教育和党的基本知识学习，使入党积极分子进一步理

解党的性质、纲领和党的宗旨，通过讲党史让学生懂得：在民族存亡之际，是中国共产党领导中国人民通过武装斗争夺取政权，建立了新中国，在中国确立了社会主义基本制度，实现了民族独立和人民解放；是中国共产党领导中国人民通过改革开放开创了中国特色社会主义道路，使中华民族大踏步赶上时代前进潮流、迎来伟大复兴的光明前景。坚持中国共产党的领导是实现中华民族伟大复兴的必然选择，真正认识到中国共产党的伟大、正确与光荣，从而激发学生的学习热情和入党的积极性。引导学生正确认识现实、认识自我，树立远大理想，自觉严于律己、刻苦学习、努力工作；教育学生把握正确的人生方向，自觉用党员的标准要求自己，尽快成长、成人、成才。

（2）让学生党员骨干分子作为联系人与学生入党积极分子结对，联系入党积极分子的思想实际谈心交流，创新性地开展"思想汇报双签制"等活动，即要求入党积极分子定期找入党介绍人（教师党员）和联系人（学生党员）汇报自己的思想、学习、工作和为人处事等各方面的实际状况以及对党的认识，并上交书面思想汇报，由介绍人和联系人审阅并做简明点评签字。这样做的效果明显，一是作为入党介绍人的教师党员和作为联系人的学生党员对入党积极分子可以更加了解，更加负责，使学生不仅仅从组织上入党，更重要的是使学生保持和党组织的密切联系，及时得到组织的帮助教育和培养，真正从思想上端正入党动机，从而使其在思想和行动上都能像一个共产党员严格要求自我；二是入党积极分子思想汇报的主动性明显增强，变被动为主动，即从催催动动变为积极主动，找联系人汇报思想，从被动随意到主动规范书写思想汇报；三是思想内容层次明显提高。每一份思想汇报都能实事求是地从学生的视野角度想问题、看问题，从政治、经济、社会、民生民意等方面反映学生的真实感受。使空话、大话、套话变为真话、实话、学生自己的心里话。

（3）依靠学生党员骨干分子的力量，加强入党积极分子队伍的建设。一方面，学生党员骨干分子以自身的模范行为影响入党积极分子，以党员的标准来规范积极分子的行为举止；另一方面，按专业成立学生党小组，从考察过程全面了解积极分子的入党动机，思想状况，学习态度，工作表现，为人处世，带头作用等等，并及时向专业党支部通报情况。党支部在平时考察过程中注重学生党小组的考察意见与群众评议意见和团组织的推荐意见结合起来量化考察，从思想政治、学习成绩、工作能力、群众基础、日常表现五个方面十八条标准进行审核，初步确定入党积极分子名单。然后，通过谈话的形式即创建个别谈话、集体谈话、领导与学生谈话，教师党员与学生谈话、学生党员与同学谈话等形式，了解入党积极分子的入党动机；通过答卷的形式了解入党积极分子对党的基本知识的了解；通过广泛征求群众意见了解入党积极分子行动与思想的一致性程度。

（4）让学生党员骨干分子全程参与入党积极分子过程跟踪和动态考察，增强学生党员发展工作的透明度。严格程序、明确标准、过程跟踪、动态考察、适时沟通。一是由学生党小组组织策划，全面构筑入党积极分子活动平台，积极创造条件，吸收积极分子听党课、参加党内活动，建立积极分子借阅党报、党刊制度，定期对积极分子进行"党史知识"教育活动及其实践平台。二是学生党小组全程参与考核监督管理。通过公开入党积极分子名单和亮相公示，让群众知其名又知其人，加大群众的监督力度，党支部和学生党小组要对入党积极分子的表现进行定期考察，征求群众意见，根据他们的阶段性表现情况，对入党积极分子进行必要的调整，并将考察情况定期或不定期予以公布，增强入党积极分子的责任感和紧迫感。从而使党员发展工作更加透明，也使其他学生受到深刻而持久的教育。三是学生党小组全程参与入党积极分子档案管理，实行按专业分类管理，及时掌握每个专业学生的状态；按年级、班级管理，便于掌握学了解学生在班级的真实表现和带头作用；按培养时间顺序管理，便于掌握学生思想动态变化的规律。

（三）加强党员（预备党员、正式党员）的朋辈教育，彰显学生党员先进性

学生党员队伍似"金字塔尖"，是经过层层递进选出的先进分子，加强对他们的教育管理和继续培养是党建工作的重中之重，也是金融管理学院党总支朋辈教育的顶层要求，体现更高标准的严要求。通过严格管理，严格考察，严格监督，实施对大学生党员教育的全程化管理。形成一支信念坚定、素质优良、规模适度、结构合理、纪律严明、作用突出的高职学生党员骨干队伍。金融管理学院党总支通过多年的实践，结合"一、二、三、四、五"学生党建特色机制，对党员的教育与管理主要从以下几个方面开展：

（1）凝聚优秀学生党员的力量来加强新党员的入党动机、坚定理想信念的培养教育。动机是人的行为直接动力，是直接推动个人行为达到一定目的的内在源泉。端正入党动机是一个提高主观认识的过程，在这个过程中个人努力是主要方面，有组织有目的，有针对性地培养教育也是十分重要的。学生党员队伍虽然经过组织考察、群众评议、若干方面的考察考核优选出来的大学生，但他们的入党动机呈多元化，他们的政治理论积淀、社会阅历、时间锻炼还不够丰富，这就需要进一步继续培养和教育。引导他们实现入党动机由低层次向高层次转变。让学生党员骨干分子组织新党员参加多形式的理论学习，多层次的党课教育，带领新

党员参加多彩的主题实践活动和业余党建实践，学习做党务工作，通过各项实践活动和做党务工作提高他们思想、政治觉悟和工作能力。

（2）让学生党小组全过程全方位参与预备党员的教育和考察。一是对在学校入党的新党员，党总支应及时将预备党员编入学生党小组，通过组织生活，加强政治理论学习和思想交流，时刻拉紧他们的心弦，防止学生党员放松对自己的要求。二是作为联系人的优秀学生党员继续做好预备党员的培养和教育，实行思想汇报联系人"双签制"，继续保持联系人AB角色制，联系人适时提醒，经常告诫新党员：入党只是提高思想水平的一个新起点，而不是终点；是今后人生道路上的"加油站"，而不是"终点站"；以自己的实际行动在学生党员中树立起良好的党风，要对他们提出更高的要求，处处起模范带头作用，引导他们敢于开展党内的批评与自我批评，树立讲学习、讲政治和讲正气的良好作风。三是让学生党小组担当起严把学生预备党员转正关。在学生党员转正期到前的两个月时间节点由学生党小组对预备党员进行前期考核，主要考核他们入党后与入党前的言行是否一致，思想上有无松懈，行动上有无违背党的宗旨和党的纪律，在群众中的影响和先锋模范作用发挥是否突出，并以书面形式向党支部汇报。党支部对入党后放松要求，学习有退步，工作不积极，在学生中造成不良影响的预备党员可以提出"延期转正"的意见报党总支批准，对其存在的缺点和错误进行诚恳的批评、帮助和教育，鼓励他们尽快改正缺点和错误，争取早日转为正式党员。

（3）以"一、二、三、四、五"学生党建特色机制加强对学生党员的教育。具体内容为：

"一"是指上好一门党课。系党总支高度重视学生党员的党课教育，通过党课教育让学生党员了解党史，掌握党的基本理论和基本知识，再由学生党小组教育部组织学习讨论，加深理解进一步端正入党动机，坚定共产主义理想信念。

"二"是指两个义务志愿服务基地。通过与丽水淞阳志愿服务基地和萧山社区敬老院义务服务基地的合作，保证了朋辈志愿服务的连续性和实效性，通过朋辈志愿服务系列活动培养学生党员提升综合素质、感恩社会和彰显正能量。

"三"指三会。通过每月定期召开支部党员大会，支部委员会和党小组会议，学习传达中央的最新精神和学院党委的最新指示，结合学生的特点分层次分类别的开展学习和讨论活动，党总支书记、团总支书记亲自参加学生党员民主生活会，倾听学生党员的学期总结，点评他们的表现，对他们提出更高的要求。

"四"是开展党员朋辈"四亮牌"活动。即通过优秀学生党员带领新党员，通过"我为同学做示范""我为老师做奉献""我为学校献计策""我为师弟师妹做榜样"四项活动，发挥学生党员的先锋模范作用，成为学校发展、同学进步、个人提升的积极参与者。

"五"是开展党员朋辈"五带头"活动。即通过优秀学生党员带领新党员"志愿服务我带头、知识比拼我带头、师生共创我带头、关爱社会我带头、诚信自律我带头"五项活动，充分发挥学生党员的示范和引领作用，让学生党员做学生的榜样、做老师的助手、做学校的主人。

总之，通过学生党员朋辈教育抓好"三支队伍"建设，采取"塔式递进"教育管理，使党建工作贯穿学生党员和学生成长发展的全过程，使党建与专业建设二者有机结合，通过健全学生党建工作机制，规范系总支、专业党支部，学生党小组的工作职责，发挥基层党组织的主体作用，不仅提高了学生党员的综合素质，增强了学生党员的核心竞争力，还使学生党建工作内容丰富多彩，组织生活不再单一，思想建设、组织建设和作风建设关口前移，形成党建工作蓬勃展开的良好氛围。通过朋辈教育也真正提高了学生党员和学生的自我教育、自我管理、自我服务的能力，真正实现一个学生党员就是一面旗帜的良好态势。

第二节　团学干部朋辈互助育人

高校是我国培养创新型人才的重要的基地，能够为我国社会主义现代化建设源源不断地输送有用的人才。团学干部为高校基层工作的主要参与者与组织者，在高校的创新型人才培养上发挥着重要的导向作用，高校应当重视对团学干部的培养，通过团学干部来引领高校大学生健康成长，促进大学生全面发展。近些年，随着高校制度的不断完善，高校的团学干部培养也逐渐向着规范化的方向发展，高校对于团学干部的培养也越来越重视，团学干部的朋辈互助育人在引导与推进高校大学生素质的提升方面所发挥的作用也越来越大。但是在新时期，我国高校的团学干部朋辈互助培养还存在一些问题和不足，应当对高校团学干部朋辈互助育人的现状进行分析，从而更加有针对性地寻找解决团学干部朋辈互助培养过程中的问题的有效途径。

一、团学干部朋辈互助育人的必要性

（一）团学干部的定义

团学干部是中国特色社会主义体制下的产物，团学干部一般出现在学校中。团学干部就是指分团委（团总支）的学生干部以及学生会的学生干部的统称。团学干部要紧紧围绕促进学生学习这个中心，牢牢抓住培养学生成才这条主线，协助老师，带领同学，服务同学，帮助同学，为学校的稳定和可持续发展做出自己的应做的贡献。团学干部作为处在学生基层中组织各种活动和工作的组织者和领导者，必须具有较高的思想政治觉悟和思想品质。同时具有一定的专业知识和理论水平，而且求知欲强，喜欢探索，这就要求团学干部有较高的业务素质和合理的知识结构。由此类推，团学干部就是指在学生群体中某个（某些）方面相对优秀、起到核心作用的成员。

（二）高职院校团学干部现状

1.受环境的影响，学生干部综合素质的变化

首先，随着高校扩招及高职院校办学质量和规模的不断扩大，高职院校学生人数大幅增加，质量难以保证，院校团学组织在人数配备方面相应扩大。其次，新时期大学生并非过往的象牙塔，随着社会发展，一人一机甚至一人多机在高职院校已经是普遍现象，网络世界的冲击及社会发展带来的思想观念改变，对团学干部造成了困惑，在价值观的选取上也不够坚定。由于新媒体技术在信息收集、内容形式、传播渠道等方面的不同，社会大众在获取和交流信息时的思维模式、语言特点、行为方式等方面也发生了极大的改变。

2.学生特质变化

目前，高职院校的学生，绝大部分是高考中成绩不算突出，在学习习惯、思想行为习惯都是与本科院校学生有所差距，为之自我约束性不强，远离父母。部分学生会出现学习目标不明确，"六十分万岁"的心理频繁出现，缺乏严谨治学态度和进取心，得过且过，更有甚者放任自流，作风懒散。在这个学生群体中选拔任用学生干部，未免有蜀中无大将之感，加之受周边同学风气和本身能力素质等因素，也表现出一点问题，主要有几个方面：

（1）工作动机不纯，角色定位不准。由于工作动机不纯，很多团学干部只看到干部权利没看到干部义务，只为了在推优入党、评奖评优等方面可以有足够砝

码，甚至在老师和同学面前是双面人，在老师面前呈现的是积极向上的一面，在同学面前则趾高气扬，有时候会堕落颓废。责任心不够，缺乏群众基础，难以做到锻炼自我、服务广大同学。

（2）工作与学习权重失衡。有的团学干部在工作上很卖力，花了大部分精力在工作上，相对而言，学习时间被不断压缩，学习和工作权重失衡，导致学业成绩差强人意，甚至不堪入目，难以在自我教育、自我管理、自我服务方面有大作为，难以服人，导致工作也缺乏感召力。

（3）工作主动性不强，缺乏职业嗅觉。遇到问题总是抱怨问题而非先想方设法解决问题再反应问题，实干精神不足，吃苦耐劳精神不够。

（4）墨守成规为主，创新意识不强。部分团学干部对自己的工作没有长远规划，把工作当作任务完成，工作模式因循守旧，基本沿用传统工作方法，缺乏创新，与时代脱节，例如学生们喜欢的新媒体阵地没有占领，使其只能弱化，没有很好地起到聚拢人心的作用，不能很好地为学生服务。

二、团学干部朋辈互助育人的实施办法

（一）以新生入学为契机，开展朋辈互助学生适应活动

大一新生能否顺利适应大学生活是高校思想政治教育的重点。怎样才能与新同学和谐相处，怎样正确规划好自己的大学生活，怎样为自己的未来做好学业、职业的准备工作，这些都是大一新生面临的问题。为了尽快帮助他们适应大学生活，朋辈互助是最好的活动方式。开展新老生见面会活动。以班级或者相同专业为单位，挑选相同专业的朋辈互助员与大学新生进行经验交流会，对大学新生进行思想政治、人际关系、学习方法、社会交往等方面的经验传授，并结合不同学生不同的心理需求给予不同的教育和指导。每个班级配备一名专职朋辈互助员。品学兼优的成功学长一般都是大学新生崇拜的偶像级人物，他们一般都会悄悄模仿学长的言行举止。在每个班级的朋辈互助员可以做大学新生的领航者，参与新生所有的日常活动，用自己的实际行动感染、带动大学新生，并帮助他们规划好自己的大学生活，制定好奋斗目标。

（二）以银雁计划为载体，开展朋辈互助精英培养活动

银雁计划是基于我院学生成长与发展的又一创新型培养方式。现阶段大学生普遍出现的问题是团队意识薄弱，个人主义和利己主义思想比较严重。高职学生

在中学期间因为学习成绩、行为能力、个人习惯等方面不是被老师关注的重点，更可能是中学教育的反面教材，他们的思想意识里更加对自己不自信，自我放弃，团队意识更加薄弱。银雁计划是以学生干部、技能尖子和文体特长三个模块作为学生精英化培养的突破口，与我院学生人才培养方案进行了有效的对接。通过在三个模块的优秀人群施行订制化的培养，让一部分学生先优秀起来，综合能力先行提高，再通过这些学生带动其他同学，达到全面培养的终极目的。

（三）以社会实践为载体，开展朋辈互助实践育人活动

大学生社会实践活动是高等学校育人的重要手段和有效形式。面对新时期经济社会发展对大学生素质能力提出的新要求，高校大学生社会实践活动更显其重要意义。新时代应该建立全员参与和齐抓共管的管理机制，丰富大学生社会实践活动内容、完善大学生社会实践活动的保障机制，从而构建适应时代发展要求的大学生社会实践活动的长效机制。

1.社会实践教育是育人系统的重要组成部分

社会实践教育同其他教育形式一样，都是为实现教育目的，促进学生的身心健康发展，为社会主义建设培养合格人才。但它有自身特点：一是灵活性，社会实践不同于课堂教学，在活动内容和形式上可以不一拘一格，灵活多样；二是综合性，课堂教学是按学科进行的，而社会实践活动则是知识技能的综合运用；三是自主性，课堂教学多是按着教师的思路进展，而社会实践活动，学生是真正的主人；四是兴趣性，社会实践中，学生可根据自己的兴趣、爱好自愿开展活动；五是开放性，社会实践不受课堂教学的限制，凡是符合教育要求，有利于学生身心健康的活动都可以组织。

2.建立社会实践育人长效机制的必要性

（1）符合新时代大学生全面发展、健康成才的需求全新的时代提出了更高的人才要求，大学生需要的不仅是一纸文凭，还需要培养团队协作精神、沟通协调能力以及分析并解决实际问题的能力，需要具备创新精神和实践能力，从而适应社会的不断发展与变化。社会实践为大学生搭建了从校园走向社会的"金色桥梁"，其重要性越来越为广大学生所认识，并形成了"渴望获得实践教育"的强烈需求。

（2）符合高校团组织坚持育人要求，加强能力建设的需求

当前，育人是高校共青团的中心工作，是高校共青团服务大局、服务青年的集中体现，也是高校共青团在社会主义市场经济体制下的立身之本和发展之源。社会实践作为高校共青团主导的一项重要活动，是团组织服务学校中心工作、服务青年

发展的重要平台,有力推动了学生作为思考和行为主体在课堂习得的理论知识基础之上,去完成知识的实践、检验、扩展和创新。高校共青团的工作发展和能力建设落实在社会实践工作上,就是要实现工作持续长效的发展,建立社会实践育人长效机制。

（3）符合社会实践工作本身发展的需求

社会实践工作本身同样处于一个不断发展的过程之中。我校社会实践以"争取每个学生在校期间至少参加一次社会实践"作为长远发展目标,目标的实现取决于能否成功解决资源积累与持续发展的关系问题;能否让有限的资源服务于更多的学生;能否统筹更多资源,成功地建立起一个保障社会实践发展的长效机制;能否及时有效地杜绝目前已经出现的社会实践形式化的不良倾向,做到防微杜渐,保障社会实践的健康发展。只有建立起社会实践育人的长效机制,构建完善的运作机制和全员、全程、全方位参与的育人格局,才能有效实现上述目标。

3.建立社会实践育人长效机制,构建社会实践育人体系

实践是育人的重要环节,参加社会实践是大学生锻炼成长的有效途径。高校应从地方建设发展的需求和大学生锻炼成长的需要出发,高度重视这项工作,积极探索和建立社会实践与思想政治教育、专业学习、服务社会相结合的管理体制,充分发挥社会实践的育人功能。

4.朋辈互助在社会实践育人过程中的重要作用

社会实践的大学生参与基层锻炼的有效途径,在进行社会实践过程中通过高年级学生指导低年级学生,通过传承式的相互帮助,让社会实践的过程更加具有纪念意义。

（1）引领作用。通过高年级学生和有社会实践经验学生的指导和带领,让第一次参加社会实践的学生能够更快地进入实践角色,使社会实践的效率得到很大提高,工作的积极性也明显改善,高年级的个人示范和能力示范,在低年级学生的思想意识里形成很好的标杆作用,使低年级的同学能够转变思想包袱,有参照、有动力地参加到社会实践当中去。

（2）激励作用。现阶段学生的积极性和兴奋持久性是一个非常难解决的问题,特别是在家庭、社会、朋友的影响下,个人的依赖性很强,随要生活水平的提高,吃苦耐劳的精神逐渐缺失,而社会实践是一个比较漫长的过程,还要经受很多的精神和身体的磨练,如果没有一个很好的激励措施,就会严重影响实践队伍的稳定和实践效果。通过学生之间朋辈的激励,更能拉近学生和学生之间的距离,同龄人之间的语言交流方式达到共鸣,就会形成很好的育人效果,解决在实践过程

中的问题。

三、团学干部朋辈互助育人的成效

高校团学组织是一类不同于党政机关和企业，也不完全与事业单位相同的比较特殊的组织形式，该组织一方面强调功能性，便于完成对学校工作大局和学生的服务任务，另一方面要着眼于培育人才，促进团学干部在组织中得到锻炼和成长，二者相辅相成，缺一不可。为更好地发挥团学组织在思想政治教育、人才培养以及校园文化建设等方面的作用，除了思想观念的改变、重视培养以及考核评价，更重要的是要发挥团学骨干的力量，通过他们的朋辈相传起到一个很好的育人效果。

（一）促进了学风教风

通过团学干部的朋辈互助，提高了学生干部的标杆意识，从思想上明确了他们的身份，清楚了自己的担当，从骨子里形成一种自我的约束；再通过各类相关制度、同学监督，让团学骨干处在一种始终被关注的环境，团学骨干的一言一行都在接受老师和同学的监督，从而让团学骨干自觉地形成良好的学风，班级的学习氛围得到很大改善，学习的目标性更加明确，学生在课堂的积极参与，充分互动，同时也促进了教风的提高。

（二）培养了团学骨干的综合能力

通过一系列的培养和锻炼，团学骨干在为人处世、团队意识、语言表达等综合能力得到了很大的提高，他们再通过去帮助低年级的优秀学生，使自己各方面的能力得到很好的回炉，以一个教育者的身份让自身的价值得到体现，学生的自信心有了，团学骨干的综合能力也有了很大的提高。

（三）提高了团学骨干的就业竞争力

当前社会的竞争不仅是知识水平和技能水平的竞争，更多的是综合素质的竞争。通过团学骨干的朋辈育人培养，让学生学会了宽容、坚持和忠诚，在个人的学习能力和技能水平上得到了很大的进步，就会受到用人单位的青睐，对于解决个人就业问题起到很大的帮助。

第三节 班干部的朋辈互助育人

班干部，顾名思义就是在班级学生群体中担任某些职务，负责某些特定职责，协助辅导员（班主任）进行班级管理工作的一种特殊学生身份。高职院校的班干部主要由班长、团支书、学习委员、纪律委员、生活委员、体育委员以及心理委员等组成，他们即各司其职，又相互配合，共同协助辅导员（班主任）做好班级管理工作。一个班的班干部的能力大小与作风好坏，直接影响到班级的班风、学风、文化、纪律等各方面的建设，对于班级管理具有非常重要的作用。

一、班干部朋辈互助育人研究现状

（一）班干部的作用

1.榜样示范作用

班干部作为班级的领导核心，从选拔开始就要求他们政治坚定、成绩优秀、能力突出等，可以说是德才兼备的。这样的学生群体，他们本身的言谈举止、学习习惯、纪律观念、沟通协调能力以及工作热情等都是普通学生学习的榜样，从潜移默化中影响着同班、同宿学生，具有榜样示范作用。

2.干部先锋作用

高职院校学生已经初步具备了独立思考问题与解决的问题的能力，不再需要辅导员像初高中班主任那样的事无巨细的帮他们完成，他们需要的是在遇到困难时有人引导他们走出困境。而高职院校学生无论是基础知识、学习习惯、还是心理成熟等方面都还不够成熟，他们需要导引，这个导引除了辅导员外，还有作为同龄人的班干部群体。一个优秀群体，班干部队伍往往是辅导员进行班风、室风、学风、考风等班级建设的先遣队和着眼点，班干部队伍足够优秀就能影响他们周边的一大片，形成燎原之势，进而带动整个班级集体。

3.桥梁纽带作用

班干部队伍在班级的作用与其说是管理，不如说是桥梁纽带作用，班干部本身还是学生，与普通学生一样都是以学文化、长知识为追求。他们与普通学生无论在年龄上、学识上，还是在思维方式上都没根本差异。高职院校的学生由于普遍性的自卑心理影响，他们性格内向、缺乏自信，更加依赖于把自己的心声通过班干部传达给辅导员。因此班干部的作用在于连接学生与辅导员或学生管理者的纽带；同样他们也及时地为辅导员提供班级学生的心理动向、日常表现等信息，以便辅导员掌握学生情况，做好思想政治教育工作。好的班干部对于班级管理的作用如此重要，但现今高职院校班干部队伍无论是在选拔、培养，还是使用过程中都或多或少地存在着问题，一定程度上影响了班干部作用的发挥。

（二）高职院校班干部队伍存在的问题

1.班干部选拔方式简单

传统的班干部选拔方式有直接任命与投票选举两种方式。辅导员（班主任）通过直接任命的班干部往往能够对辅导员（班主任）言听计从，使用起来比较顺心，但却很难得到大多数学生的认可，缺乏威信；通过公开选举选拔的班干部威信较高，在协助辅导员（班主任）工作方面却不尽如人意。甚至有些班级出现学生抱团，对抗辅导员（班主任）工作，违反学校规定的现象，造成工作上的被动。无论哪种选拔班干部的方式都过于简单，存在弊端，不能更好地发挥班干部的作用。

2.辅导员（班主任）对班干部重使用轻培养

班干部选的称职与否，选拔都是不可或缺的工作程序，可在班干部的培养方面重视程度显然不够。辅导员（班主任）甚至学校管理人员对班干部的培养工作也不够重视，认为班干部就是为自己分担工作的助手，至于班干部自身的成长，甚至班干部能不能当好助手没有更多的考虑。

3.个别班干部的特殊主义倾向

高职院校学生干部作为校园社团成员，因为受到老师的重用，会产生"权力"的倾向，自认在评奖评优、入党，甚至就业等方面加分、优先推荐等方面拥有特权。高职院校班干部队伍的问题，绝不仅是班干部本身的问题，会影响整个班级、整个学校的风气，因此必须塑造良好的干部队伍风气。

二、班干部朋辈互助育人的实施办法

（一）加强班干部队伍建设，提高班干部的工作能力

班干部是班集体的核心，是班级学生实现自我管理、自我教育和自我服务的中坚力量，其素质的高低，对良好班风的形成及学生朋辈辅导能否对班级进行有

效的管理起着重要作用。在大力提倡素质教育的环境下，培养一支思想作风优良、专业技能扎实、知识面广博的高素质班级学生干部队伍，是做好高职院校学生工作的内在要求，也是为社会培养更多合格人才的客观需要。因此，要正确选拔班干部并对其进行有效地培养与管理，充分发挥他们的作用。

1.认真考察，严格选拔

班干部选拔得好，对辅导员顺利开展学生思想政治工作、管理工作等各项学生工作起基础性作用，是对班干部进行有效的培养与管理的前提。因此，辅导员应充分认识到选好班干部的重要性，在选拔班干部的时候应该注意如下问题：

（1）明确标准

作为班干部，他们应是班级中的最优秀的成员，应具备这样一些基本的素质。首先，班干部应具备良好的思想道德素质，即具有高尚的思想道德情操、爱祖国、爱人民、爱集体、爱劳动、守纪律、为人正直、诚实守信、作风正派、善于团结同学、虚心学习他人长处等。能够保持持久的工作热情，具备对同学高度负责的工作作风和不计个人得失的奉献精神，具有严于律己、宽以待人的优良品质，具有民主观点和民主作风，不独断专行。其次，班干部应具备较强的能力素质，即思想敏锐，感受新事物的能力强，有独创精神，具有获得信息、处理信息和获取新知识的能力，包括认知能力，即认识学生中的各种思想问题，辨别社会思潮的是非和趋势等能力；表达能力，即文字表达和口头表达的能力；组织能力，即制定计划、组织实施、检查指导和统一协调的能力；社交能力，即善于协调关系，争取支持，能与人合作，团结共事的大局意识和协作能力。最后，班干部还应具备合理的知识结构和良好的心理素质，包括扎实的基础知识和专业知识、良好的理论知识和广博的科学知识，具备坚强的意志品质、广泛的兴趣爱好、稳定的情绪、高度的责任心及优良的技能素质。

（2）积极引导，民主选举

采取学生自愿报名、公开竞聘、民主选举的方式。通过这种方式，可以调动学生的参与意识，展示学生的特长，由此产生的班干部，其积极性高，能力强，干劲足，威信高，有利于顺利开展班级的日常管理工作。在民主选举产生班干部的过程中，辅导员应做到如下两个方面：

一方面，要让学生有足够的时间彼此相互了解和认识。新生入校后，由于他们来自不同的地方、不同的民族，有不同的风俗习惯，为增进他们相互了解，可以通过开展各种各样的活动，比如军训、自我介绍及各种比赛活动，让每一位同学都参与其中。经过一段时间的相处，彼此有了一定的了解和认识，各自在同学当中都树立了一定的形象，时机成熟了才能召开民主选举大会，让有能力且愿意为同学服务的学生参与竞选演说，进而推选出能为绝大多数同学所认可的班干部。

另一方面，辅导员要进行深入的调查研究。通过查阅每位学生的档案，研究班级中每一位同学的情况，尤其是中学期间是否担任过学生干部、表现如何以及学校对该同学的品德如何评价、特长爱好及学习成绩如何等等。通过调查研究，结合每位学生入校一段时间的表现，做好他们的思想工作，尽量动员品德好、有能力、愿意为同学服务的学生都参与竞选。在竞选前，辅导员还应教育同学正确行使民主权利，避免出现拉选票的现象。只有这样，才能推选出能够代表同学真正意愿、能够获得广大同学支持的班干部，为将来顺利开展工作奠定良好的基础。

2.用心教育，注重培养

班干部选拔出来后，要使他们真正成为辅导员的得力助手，教育培养尤为重要。一个班级能不能培养出一批优秀的班干部，事关这个班集体的凝聚力、战斗力，事关这个班级的班风学风建设。因此，辅导员要充分发挥班干部的核心骨干作用，建设一个优秀的班集体，必须加强对其精心培养教育。

（1）思想素质的培养教育。通过业余党校、马列课、理论讲座等方式进行党的路线、方针、政策教育，使班干部的思想与党中央保持一致。班干部是学生中的表率，辅导员要培养其在思想上树立全心全意为同学服务的意识，淡化"官"意识，克服个人主义和功利思想，能够正确对待权力需要，加强自身修养，树立管人必先管好自己的思想，自己在管理他人的同时，也受他人的管理和监督，并服务于他人。班干部与一般同学只不过是职位不同，工作任务不同，班干部职务对一个学生来讲，无论从品德、能力及知识和情感等方面都要求较高，既要做到大公无私，以身作则，吃苦在前，享受在后，又要能协调各方面关系，高标准、严要求地开展各方面工作，以理服人，以情感人，以行导人。辅导员还要教育班干部深刻认识自己的言谈举止不仅代表自己，更代表班级，要保持良好的思想道德，即具备多项优秀品质，如在工作中严于律己，宽以待人；在学习中刻苦钻研，勤奋好学，能够处理好专业学习与工作之间的关系；在日常行为上带头遵守纪律，做广大同学的榜样。

（2）综合能力的培养教育。班干部是班级的核心，是班级开展各项活动的主要组织者和领导者。因此，班干部要具有较强的组织管理能力、表达能力以及社交能力。辅导员除了鼓励班干部学好专业知识以外，还要传授给他们一些组织管理的知识，培养其组织、管理、协调能力及协作精神；注重班干部口头、书面表达及人际交往能力的培养，使其在工作一段时间后有较高的政治理论水平，有较好的文字修养，能写出具有一定水平的工作汇报和工作总结等，能够正确处理各种各样的人际关系，为走向社会、步入人生做好必要准备。辅导员要充分信任、尊重班干部，鼓励其大胆地开展工作，充当班干部坚强的后盾。只有尊重、信任班干部，才能激发他们潜在的能力，创造性地完成工作任务。辅导员在安排工作时，放手让他们独立开展工作，给予及时的指导，给他们一定的工作自主权和发挥空间，无须事必躬亲，不能管得过细、过多、过死，这样才有利于班干部能力的培养。

（3）创新能力的培养教育。创新是一个民族进步的灵魂，是一个国家兴旺发达的不竭动力。随着素质教育的推进，班干部工作能力的锻炼、领导能力的培养，尤其是创新能力的提高愈来愈重要。作为高素质的大学生干部，不仅要会学，还要会想、会创造，提高班干部的工作能力和工作水平，就必须充分发挥学生干部的主观能动性。因此，辅导员要努力培养班干部的创新精神与实践能力，培养他们独立分析问题和处理问题的能力；鼓励他们打破常规工作思路的束缚，解放思想，做到思维创新、能力创新、理念创新。

（4）心理素质的培养教育。班干部阅历浅，缺乏磨练，决定了性格中多脆性、少韧性，在日益激烈的竞争中经受不起打击、失败，缺乏承受挫折的能力，看问题有时难免偏面。作为一名班干部，应该是学生中的优秀分子，应该给身边的同学做出表率，应帮助老师做好同学的思想工作。因此，在使用班干部的过程中，要有意识地培养其有宽阔的胸怀、团结协作的品质，要有较强的心理承受能力、心理应急能力和自我调适能力，帮助其树立自信心和社会责任感，树立"我能行"的理念，从而使班干部形成良好、健康、稳定的心理状态。

3.加强监督，规范管理

要充分调动班干部的工作积极性和主动性，使班干部队伍更加稳定，更有利于学生工作的开展，必须对班干部工作进行有效监督，形成规范化、科学化管理。

（1）实行目标管理责任制。即要明确每一位班干部的职责，进行责任分工，进而充分发挥班干部的作用。班长负责班级的全面工作，包括班级的学风、班风建设；学习委员负责班级学风建设，营造良好的班级学习氛围，并及时向各科任课教师反映班级学生的学习情况；纪检委员负责班级晚自习的出席及纪律情况；生活委员负责班级班费管理、奖学金的领取及发放；劳动委员负责班级所在寝室的内务管理与卫生检查；文体委员负责班级体育课及各种文体活动的开展与组织；团支书负责班级团支部的全面工作，侧重与班级学生的思想、生活方面，并与班长共同负责班集体建设；组织委员负责团课的组织、团费的收缴及开展班级的社会实践活动；宣传委员负责班级教室、寝室的文化设计及开展社团活动。工作中，各班委应对班长负责，组织委员、宣传委员应对团支部书记负责，班长与团支书应相互协调、及时沟通，在工作中相互支持、互相帮助，以集体利益为重，不计较个人的名利地位，共同建设好班集体。

（2）建立班干部例会制。即组织召开班干部工作经验交流会、座谈会。让各班委现身说法进行交流，达到取长补短、互相学习、互相帮助、互相促进的目的，以提高他们认识问题、分析问题、解决问题的能力。通过例会定期对工作情况座谈，帮助班干部总结经验，提高其工作能力。小结时，先让各班委对自己所做的工作进行评述，并提出自己还存在的不足，提出完善措施，然后辅导员和其他的班委再发表自己的看法。这样，可使班干部从不同的同学身上学到一定的工作方法，从而完善自己，达到相互启发、共同促进的目的。

（3）完善班干部工作考核机制。即为保证班干部在工作中能够最大限度地发挥其自身效用，要建立完善的考核机制，不搞班干部终身制，通过各种形式的换届选举，不断进行班干部队伍人员调整和补充。辅导员要遵循"能者上、平者让、庸者下"的原则，建立班干部工作考核档案，每学期根据班干部担任的角色进行多种形式的考核，对于工作能力强、各方面表现突出的班委要进行提拔；对难以胜任或者品行不合格的班委要及时地替换，不感情用事，不姑息迁就，要让所有的班干部感觉到压力，不断地鞭策自己，并且把压力化作动力，出色地完成工作任务。

（二）开展主题班会活动，增强班级凝聚力

1.高职院校主题班会的作用；

高职院校主题班会是班级教育活动的重要形式之一，是辅导员根据教育教学要求和班级学生的实际情况确立主题，以解决某一时期班级管理和学生思想方面存在的突出问题或普遍性问题，达到一定教育目的而开展的一种班会活动。成功的主题班会对于学生个人来讲，可以帮助其澄清是非、提高认识，从而提高思想道德素质，树立正确的世界观、人生观和价值观；对于教师来讲，通过主题班会可以统一全班学生的思想，调动学生的内在积极性，达到预期的教育效果；对于班级来讲，通过有效的主题班会，能及时有效地批评和纠正学生中的错误思想和偏差，建立良好的班风、学风，提高班级的向心力和凝聚力。

2.目前高职院校主题班会存在的问题

目前，虽然高职院校在不断加强辅导员队伍建设，提高学生管理水平，但辅导员在班级管理工作方面仍存在许多不足。尤其是刚参加工作不久的年轻辅导员或班主任，他们虽有工作热情，但限于工作经验、工作方法、认识水平方面的差距，不能有针对性的开好主题班会，致使班级存在的突出问题久拖不决，班级管理处于一种放任自流、一盘散沙状态。笔者从事学生管理与思想教育多年，认为目前高职院校中主题班会存在的突出问题主要表现在：

（1）无主题或主题不突出。班干部是辅导员是开展大学生思想政治教育的骨干力量，是高校基层班级学生日常思想政治教育和管理工作的协助者。高职院校班干部工作是一项头绪繁多、任务量大，随机性、应急性较强的工作。有的班干部每天忙于应付各种事务，无法从诸多纷繁复杂的学生管理事务中解脱出来，认真思考如何突破学生管理难题的瓶颈；有的班干部由于工作经验不足，工作重点不突出，头痛医头脚痛医脚，找不到解决问题的关键所在。在召开主题班会时，要么布置大量的工作任务，要么批评同学们的不良表现，要么提出希望和具体要求，没有什么主题。各项事物大杂烩，眉毛胡子一把抓，主题不鲜明，重点不突出，不能把握学生的思想脉搏。这样的主题班会在学生思想教育和班级管理当中收效甚微。

（2）不能很好地把握时机。学生的思想教育不同时期有不同的重点，而很多班干部在把握主题班会的时机上还有所欠缺。一是不能根据大学生活各个阶段学生体现出来的思想特点和心理特点有针对性的选取主题，及时有效地开展教育活动；二是不能根据学生关注的热点、难点问题，及时组织重点突出的主题班会，帮助学生解决一些思想上的困惑和认识上的偏差及实际存在的问题。

（3）内容空泛，形式单一。有的主题班会内容过于空泛，很难与学生的具体实践结合起来，不能引起学生们的思考和共鸣；有的班干部在组织主题班会时，形式过于单一，除了说教就是演讲，除了讨论就是座谈。参与这样的主题班会，如同嚼蜡，学生不愿意参加，辅导员觉得无趣。笔者参加了一个学院同行组织的主题班会，班干部费了很多口舌，讲了许多大道理，但学生们根本就没听进去，无法达到预期的教育效果。

（4）唱独角戏或放任自流。有些班干部过于强调个人在班级中的主导作用，在召开主题班会过程中，一个人唱独角戏。其他学生只是听众、观众。实践证明，看一个主题班会成不成功，主要看学生参与的态度和创造性的发挥，学生的主动性越强，参与性越广泛，班会效果就越好，就越能达到学生自我教育的目的。而有些班干部又过于强调学生的主体作用，从主题班会的选题、组织形式、方法步骤，到时间安排、地点选取、主角选定，完全交给其他班委完成，学生在主题班会上随意发言，以致使主题班会不能形成统一的思想和正确的评判，也就不能达到明辨是非，形成团结向上、和谐有序班集体的目的。

2.开好主题班会应采取的对策

（1）要有鲜明而突出的教育主题。举行主题班会一定要有预期的教育目标，任何形式的主题班会都要把教育性摆在首位，要让班会的教育目标和高校培养大学生的目标保持一致，要围绕着培养"全面发展，具有创新精神与创造能力的高级专门人才"的目标开展工作。而教育目标的实现要靠鲜明的主题来解决，鲜明的主题才能解决突出的问题。因此，在组织主题班会时，辅导员一定要在选题上多下功夫。重点解决大学生理想信念、人际交往、恋爱婚姻、就业创业等方面的问题，使他们的大学生活围绕这样一条主线来进行，这样就能有助于大学生处理好来自学习、生活、工作、感情方面的困扰，使三年的大学生生活既充实而富有意义。

（2）要恰逢其时。大学生活在不同时期有不同的特点，大学生思想政治工作在不同阶段也有不同的重点。针对不同阶段学生所反映出的思想和心理特点，恰当地安排主题班会，及时有效地解决大学生的思想和心理问题，为他们进一步健康快乐成长提供强大的精神动力。大一要注重选取"如何适应大学生活"的主题；大二要注重选取"如何面对爱情""建立良好班风、学风"等主题；大三要注重"如何做好职业生涯规划"和"树立正确的就业观"等主题。

（3）要内容充实、形式多样。大学生年轻气盛、活泼好动，喜欢在实践与娱乐中获取知识。虽然主题班会不用开成联欢会，但也要在内容选取、情境设置和方法选择上多下功夫。尽可能让主题班会的内容更加贴近大学生的生活实际、贴近大学生的情感实际，并通过大学生喜闻乐见的形式来进行，他们就会打开信号接收系统，在轻松愉快的氛围中有所思考、有所感悟、有所收获。笔者在进行恋爱观主题班会中，设置了诸如"如何面对别人的追求""如何面对失恋""如何面对毕业"等几个阶段的问题情境，先由一个小节目引出这一阶段的问题情境，再让几位同学分别饰演这里面的几种人物，表达出自己面对这种情况的想法和态度。同学们再根据这几个情境和几位同学的表现，表达自己的看法和观点。既有主题内容，又形式多样，受到了大学生们的积极响应，取得了较好的教育效果。

3.班干部在高职院校主题班会中的作用

高职院校召开主题班会需要发挥好班干部的骨干作用，因为其担负着随时向班主任汇报学生思想状况的任务，及时组织相关主题班会，可以引导学生正确认识问题，帮助他们形成正确的世界观、人生观、价值观的职责。班干部在高职院校主题班会中发挥的作用可以用下面三种角色来充分阐释。

（1）组织者。虽然高职学生整体思想特点趋向积极向上，但受日益复杂的社会环境和多元的价值观念的影响，班级学生生源复杂，必须要有一个组织者，才能把主题班会开展好，而班干部作为班级的管理服务机构，最有义务去组织好主题班会。

（2）导演者。既然班干部担当学生思想和行动上的引导者的助手，在主题班会的组织开展过程中，就不能置身事外，仅充当一名参与者。为了使学生乐于接受正确的思想观念和行为规则，班干部必须当好一名副"导演"，有选择性地、恰当地选择班会主题，在内容选取、情景设置和方法选择上多思考、多琢磨，和同学们一起研究一份优秀的"剧本"，既能让学生在"剧本"中自由发挥，本色演出，减少对说教型或任务型班会的排斥，又能协助班主任掌握班会的发展，及时调整班会中可能出现的偏差，统一思想，让主题班会达到既定的目标和成效。

（3）保障者。主题班会要充分发挥它的育人成效，还要为其提供各种保障，这个角色只能由班主任充当。一是因为相比班主任，班干部更贴近班级学生的学习和生活，更容易把握学生的思想脉动；二是因为班干部作为主题班会的组织者和导演者，对主题班会的开展起着把控全局的作用。这两点决定了班干部在主题班会中保障者的地位。为了使主题班会顺利开展，班干部不仅要为其提供各种物质保障（如道具、设备、材料等），还要提供组织保障和思想保障，为主题班会的开展提供质量评价和价值评判，以保障主题班会的育人成效。

三、班干部朋辈互助育人的成效

（一）促进了班级学风的改善

学风问题既是一个心理问题，又是一个行为问题；既是存在于学习过程中的问题，又是一个反映在学习效果上的问题。高校学生学风问题的成因可以从社会、学校和学生三个层面上进行归结。大学班级，是大学生活不可缺少的集体，是每个二级学院的基本组成单位，是大学生共同学习、生活的基本组成形式。所以，高校学风的好坏，微观上反应在班级学风上的好坏。学生干部作为学生管理工作的桥梁，在学生工作中起着至关重要的作用。加强学生干部队伍建设，充分发挥学生干部的模范带头作用，才能不断提高人才培养质量，推动学校和谐发展而努力。

1.优秀的学生干部队伍是形成优良学风的保障

学生干部队伍建设是学风建设工作的重要支持。不断提高学生自我教育、自我管理、自我服务的能力，推动校风、学风的不断进步，具有重大的现实意义和长远意义。倡学成风，主要包括学习和风气养成两个方面。学习是个人的事，风气的养成是整体的事。风气的养成要靠每一个人的努力，每个人的行为都在潜移默化地影响着宿舍和班级风气的形成。

2.班干部是学生的风向标

高校学生干部既是学生中的骨干分子，又是学生的风向标，还是教师与学生之间的桥梁和纽带，是辅导员与班主任的得力助手。特别是班干部、团干部，他们与本班同学距离最近，无论从学习上生活上，能对同学们的作风起到最直接的影响。

3.自主、自律、自治的载体

高校里各班级不再像高中全权由班主任负责，而是几乎所有的事务都由班干部来解决，这在很大程度上使得大学生更自由。在自由的同时，则产生了自主、自律、自治的问题。所以，班干部对学风建设至关重要。

（二）班级集体荣誉感和和谐程度得到加强

创建高校和谐校园是建设社会主义和谐社会的重要组成部分，也是营造良好育人环境的客观使命，更是实现学校全面、协调、可持续发展的重要途径。而建设高校和谐校园的现实基础就在于创建高校和谐班集体。维持良好的办学秩序是创建和谐班集体的关键，而学生干部是学生中的骨干和带头人，学生利益的忠实代表，其队伍庞大，遍布校园的各个角落，特别是其中的班干部群体，他们与同学朝夕相处，其言行举止的影响，非同小可。绝大多数的班干部，都是学生中的优秀者，他们能够积极参与到学生管理工作、校园文化建设、校风学风的建设之中来，是校园中极富激情、充满创造活力的一支队伍，是高校学生干部队伍中的一支重要力量，是创建高校和谐班集体的主力军。

1.利用"灌输"原理，发挥旗帜作用

列宁曾提出：先进的意识不会在群众中自发产生，而要通过无产阶级先锋队——共产党不断的向群众"灌输"，才能最终提高群众的思想觉悟。在和谐班集体的建设过程中，如何使学生干部具有创建和谐班集体的思想，同样不能寄希望于班干部中能自发的产生，而需要我们的辅导员、班主任对他们产生影响，向他们灌输相关的理论和知识，在潜移默化中使他们对和谐班集体的创建产生认同感和使命感，从而自觉地投入和谐班集体的建设。

班干部是学生队伍中的先进分子，创建和谐班集体，更需要班干部发扬旗帜作用。这就要求班干部在提升自身组织严密性的同时，尽他们所能在班级中倡导强调团结协作、团结友爱、同心同德、齐心协力、有序竞争等和谐的校园精神，在学生工作这个层面结合和谐主题，为创建和谐校园出一份力。

2.组织班级活动，营造和谐氛围

丰富的班级活动是创建和谐班集体的一种有效的实施措施，班级文化活动有利于促进人与人、人与自然的和谐相处，必将为和谐班集体的形成创造良好的氛围。班干部的一个重要职能便是结合创新意识，组织各类的文化活动，展示各类学生精神风采。首先，从形式上看：文化活动的组织开展把学生从一个独立的个体拉进一个群体，为形成和谐氛围提供了机会。班级文化活动是一种群体活动，而群体活动往往是充满了竞争，也需要参与者相互配合和协作，这样就能让学生体会到和谐的合作对于成功的重要性，培育学生的协作精神，这就为促进和谐创造了条件。另外许多班级活动是师生共同参与，或者在老师的指导和辅导下进行和完成的，这就为师生的交流和互动提供了机会和平台，对平等和谐师生关系的建立，提供了极大的方便。其次，从内容来看：可以让师生受到教育和启发，增强和谐意识并转化为行动，从而促进和谐班集体的形成。

3.发挥校园舆论，传播和谐效应

班干部在校园舆论中的作用主要体现在班级的板报、标语、宣传橱窗等媒体。他们可以从不同的角度对创建和谐班集体观念进行传播，但目的却是一致的。校园文化精神的影响往往通过校园舆论的传播得以放大，对于班集体和谐建设起到促进作用。这样的传播自然可以使活动的氛围和谐、班集体文化建设中实现的和谐效果为更多的人所获知。当然这种传播也包括学生干部自身行为传播，其共同特点是具有较强的亲和力和认同感，能产生更好的传播效果。班集体文化建设的有关信息及产生的良好效果通过校园舆论的广泛传播，自然在整个校园产生了和谐效应，有利于和谐校园的形成。

4.发挥纽带作用，构建和谐校园网

班干部的口号是"从学生中来再到学生中去"，他们是构建和谐师生关系的纽带，是沟通学校和学生之间的桥梁。班干部作用发挥得当能够使学校管理以柔克刚、充满人性化，从而产生强大的凝聚力和亲和力。而他们是校园文化最积极的策划者、组织者和执行者。另外，他们在维持良好的办学秩序和促进学校和学生的和谐发展方面也有重要作用。通过学校各方面通力合作，充分发挥班干部的纽带作用，运用各种形式，相互配合支持补充，对学生实施德智体美相结合的素质教育，形成全员育人的局面，使学生得到全面和谐的发展，对建设社会主义和谐校园有极其重要的意义。作为学生管理教育工作者，辅导员、班主任要把班干部看作是最得力的助手，最亲密的朋友，最值得信赖的伙伴，只有这样，才能形成团结协作的良性关系，才能充分地调动和发挥班干部的积极性、主动性和创造性，才能更好地协调好各项工作，为创建和谐班集体发挥应有的作用。

（三）有效地促进了学生就业

现阶段，大学生就业难是一个不可逃避的事实，但仍有很多大学生能够就业。我们透过这个问题的背后，追根溯源，还需在高校寻找谜底。我们知道，班级是大学的基本组成单位，亦是大学生共同学习、生活的基本组织，而大学班级里，班干部是班级灵魂，因此大学班干部对班级学生的就业就有着千丝万缕的联系。

1.能够营造良好的学习氛围，保证学生专业知识积累

大学是一个自由，自主，开放式的教育模式。很多学生进入大学以后，无法适应大学这种教育模式，像一匹脱缰的野马，想把高中的那种束缚不平之感释放在大学生活里，把自认为曾被剥夺了的娱乐时间都从大学生活得到补偿，那些缺乏自制力的学生就更加一发不可收拾。出现这样的情况，是因为这批学生的周围缺少一种学习氛围。在大学的课堂上，老师的授课只能起到穿针引线的作用，大多数知识的获取是靠学生自主学习获取的。如果班干部能制定一个弹性的班级自习计划，确保每周有一定的学习投入，并定时开展学习交流，让成绩优秀的同学带动落后的学生。"近朱者赤，近墨者黑"，这样优秀的分子便越来越多，学习的良好氛围也就逐步建立起来了。

2.能够组织各种课外活动，提高学生综合素质

大学会开展很多丰富多彩的校园文化活动。诸如运动会，卡拉OK比赛，演讲比赛，英语角，数学建模，专业技能大赛等，这些活动不仅可以使学生的个性得到发展，还可以发掘潜能。因此，班干部应多鼓动和组织学生参与，让大家认识到团队的重要性与参与活动的益处。

下　篇

引 言——朋辈文化造就品质学子

　　长期以来金融管理学院党总支对朋辈互助育人模式进行了不断地探索和精心实施，取得了非常好的育人效果，通过朋辈互助育人模式，既使广大学子很好地践行了社会主义核心价值观，也传承了校园文化，既全面推进了素质教育，学生总体素质得到了明显提高，又加强了学生职业素质教育，向行业和社会输送了一批又一批中国特色社会主义高素质金融职业高技能型专门人才，造就了一大批高品质学子，毕业生得到了社会的高度认可、用人单位的满意及家长的强烈认同。具体体现在以下三个方面：

一、传递了正能量，弘扬了社会主义核心价值观，培养了可靠的中国特色社会主义建设接班人

　　朋辈互助育人坚持以乐于助人、积极奉献、诚信友善、热爱集体、民主和谐为教育宗旨，以党、团学生朋辈互助育人活动为载体，从同学们身边的人和事做起，积极践行社会主义核心价值观，弘扬社会主义先进文化，秉承"己欲立而立人，己欲达而达人"我国古代仁者爱人的传统美德，融先进的成长成才理念与具体科学的学习手段与方法、健康的生活理念与规范的社交礼仪与技巧等于朋辈育人的实践，朋辈教育完全符合道德教化的内涵与要求，通过朋辈教育活动使同学们懂得学会感恩、学会真诚待人、关心他人、帮助他人、成就他人，学会关心集

体、爱护团队、奉献集体的重要与价值，懂得人之为人的良好道德品格。在朋辈互助育人的影响下，真正培养了一大批可靠的中国特色社会主义建设接班人，涌现了许多学习尖子、技能尖子、国家奖学金获得者、三好学生、技能之星，还有优秀学生干部、优秀团干部、优秀共青团员及先进班级、优秀团支部、学风示范班、文明寝室等，发展了一大批学生党员，金融系学生会曾获杭州市优秀学生会称号，学院团总支连续多年获得学校"五四红旗团支部"等。

二、弘扬了校园精神，传承了校园文化，培养了优秀的职业人

朋辈互助育人活动始终以弘扬校园精神，传承校园文化为己任，体现学校特质与专业特色，坚持高等职业教育人才培养的方向和金融专业培养的目标。学院跨过四十四年的发展已积淀了"自强不息、艰苦创业""争先创优、勇立潮头""教书育人、诲人不倦"的校园精神；打造了三维育人文化体系，即"诚信文化""金融文化""校友文化"。朋辈互助育人活动本身就是在校园精神的激励下而创新的一种育人模式，丰富了体现校园精神的载体；朋辈诚信考试倡议、朋辈诚信明理读书会、做一名诚信大学生作文竞赛等活动，体现了对诚信文化的崇尚；而金融技能协会、朋辈金融读书会、朋辈金融调查小组等开展的朋辈教育活动，则诠释了金融学子对立身之本金融职业素养的推崇与热爱；而校友话人生、校友话就业、校园模拟招聘等活动则体现了朋辈互助育人追求一种亲切、开放而依托校友文化发展的理念。受益于朋辈互助育人，学生的专业素养与道德品质都有很大的提升，金融管理学院所培养的毕业生以职业技能强、岗位适应快而深受行业欢迎，近五届金融管理学院毕业生就业率达到98%以上，为学校进入全国高校就业50强做出重要贡献，学院多次获学校就业先进集体称号等。

三、全面推进了素质教育，提升了学生综合素质与能力，培养全面发展的人

朋辈互助育人以培养全面发展的人为终极目标，融德、智、体、美、劳等教育活动于一体，注重提升大学生的道德品格、着力提高大学生的专业技能与职业实践能力、增进大学生的沟通能力、增强大学生的体质健康、培养大学生的团队合作意识、磨砺大学生的意志品质、养成大学生热爱劳动的习惯、懂得感恩与孝道，每年都有十佳大学生，还涌现了一大批三好学生、校内外奖学金获得者，还培养了诸多特长生，如金融管理学院技能尖子连续6年在全国高职大学生银行综合业务技能大赛中荣获团体冠军；很多学生在省市级学科技能竞赛中获得优异成

绩；金融管理学院社会实践小分队获团中央"千校千项"荣誉、获全国大中专学生"镜头中的三下乡"社会实践"优秀视频奖"，"强国一代新青年"、浙江省大学生社会实践"百优团队"称号；"星光艺术团"舞蹈获省大学生比赛二等奖；"爱心衣加一"公益活动获社会广泛好评等，充分展现了金融学子全面发展的风采。

在朋辈互助育人文化的熏陶和润泽下，一届又一届大学生顺利毕业并优质成长成才，每年700名左右学子从金融管理学院走向社会、走上工作岗位，这其中有许多十分优秀的学生代表，我们以近五年来学院"国家奖学金"和"十佳大学生"获得者为例，整理编撰了他们成长成才的心得体会和事迹材料，并梳理了部分学生在省市级以上比赛中获奖的情况，他们中的每一个人都是我们大学生成长成才的典型，更是大学生朋辈学习的身边榜样，以他们的成长素材与大家共享，便于更好地激励、促进朋辈互助育人向纵深发展并持续推进。

在编撰过程中，按照大学生德、智、体、美、劳全面发展人才培养的要求，我们对十佳大学生的排序分别是以诚信之星、自强之星、助人之星、服务之星、学习之星、学术之星、技能之星、体育之星、文艺之星、实践之星进行以下各章节的编写。以他们在思想、学习、工作、生活中的先进性、榜样性，用他们真实、翔实、优秀的学生时期的事迹材料进行撰写，以供大学生们学习、借鉴，真正起到模范与示范的效应。

第六章
国家奖学金获得者

　　国家奖学金是指为了激励普通本科高校、高等职业学校和高等专科学校学生勤奋学习、努力进取，在德、智、体、美等方面全面发展，由中央政府出资设立的用来奖励特别优秀学生的奖学金。国家奖学金的基本申请条件：①热爱中华人民共和国，拥护中国共产党的领导；②遵守宪法和法律，遵守学校规章制度；③诚实守信，道德品质优良；④在校期间学习成绩优异，考试科目单科成绩不低于85分，平均成绩不低于90分，考查科目成绩不低于"良好"，同等条件下获得省市级"三好学生""优秀学生干部"的学生优先；⑤社会实践、创新能力、综合素质等方面特别突出，为学院发展建设做出贡献；⑥认真履行普通高校学生管理规定中赋予学生的义务，按规定缴纳学费及有关费用。获得国家奖学金的学生应该是优秀中的优秀，2014—2017年金融管理学院每年均有一名学生获国家奖学金，2018年有两名学生获得国家奖学金。他们的成长都渗透着朋辈互助育人文化的印迹，以下我们对他们具体的事迹材料进行逐节呈现。

第一节　2014年国家奖学金获得者：郦永丽

　　郦永丽，女，来自金融135班。天将降大任于斯人也，必先苦其心志，劳其筋骨，饿其体肤，空乏其身，行拂乱其所为，所以动心忍性，曾益其所不能……在这些年里，她始终保持着乐观积极的心态，时时刻刻以高的标准要求自己，坚持做到更好。

一、思想进步——紧跟党走

思想上，她热爱中国共产党，积极学习党团知识，通过她自身的不懈努力成为入党积极分子。大一的时候参加了学校第四十一期党章学习班的学习，通过较系统的理论学习，提升了其政治理论认识和思想觉悟，更加坚定了她对中国共产党的理想信念和信仰，并且顺利拿到业余学校结业证书。

二、奋斗二重唱之学习——博学慎思

"书山有路勤为径，学海无涯苦作舟"。学习是学生的天职。只有在学校里学好知识，将来才能更好地为社会主义现代化建设增砖添瓦。

自入校以来，她就认真学习专业知识，成绩一直很优秀。大学生活的丰富多彩没有让她迷失方向，她坚信，要想获得的比别人多，就要付出的比别人多。所以她放弃了很多游玩、逛街的时间，钻进图书馆、自习室，从专业课本到课外读物，努力吸收那些以后能用得上的知识和信息。她没有因为工作繁忙而耽误课程，在自己努力学习的同时她还常常帮助班级同学，与大家交流大学课程的学习方法，取长补短共同进步。为了更好地调节工作和学习的关系，她会做到别人学习她学习，别人玩耍她学习，保证自己充足的学习时间以及在不耽误学习的同时完成各项工作。除此之外，她还参加了很多与学习有关的比赛：① 参加"爱生节"之"我心目中的好课堂"演讲比赛；②参加"我心目中的好老师"演讲比赛；③组织"我的手机我做主"主题班会；④组织"弘扬习近平总书记五四北京大学讲话精神"主题班会。

三、奋斗二重唱之工作——问切笃行

大一学年她担任班级团支书和辅导员助理两个职务。在团支书的工作中她的各方面能力都得到了锻炼，团支部的工作可谓多杂繁。从入党推优到开展社会实践活动，她学会了如何在纷繁的事物中理清思路，合理有序地开展工作，这是一笔极为宝贵的财富。荣获 2013—2014 学年优秀团支部和"最美团支部"是对她工作的最大肯定。"路漫漫其修远兮，吾将上下而求索"，面对这样的荣誉，更加努力地为同学们服务。辅导员助理的工作是细致的，也许有人会觉得就是跑跑腿，统计下基本的数据。但在这个过程中，她学会了很多，如何和两边的老师交流，来回跑一趟的收获是什么。统计信息是一件简单的事，但把信息统计的思路清晰地表达给老师听同样是一种能力的锻炼。她非常感谢学院给她这个机会让她成长，让她得到锻炼！

大二第一学年她担任了班主任助理，最大的感受就是非亲历不能体会。因为责任，所以对新同学的一些错误认识，她不能视而不见，如果放纵他们，那便是毁了他们，她不想新同学以后都碌碌无为，被社会淘汰。所以，作为他们的班助，就必须起到一个带头作用，这样才能使他们心悦诚服。所以在以后的学习生活中，她更加努力提高自己的学习成绩和个人修养，给他们做好榜样，不管有多大的困难，她都会咬紧牙关坚持下去！班助的工作很辛苦很充实也很能够锻炼人。她会结合自己的实际思考、探索适合自己的管理路子，让学弟学妹们更好地进入大学，认识大学，熟悉大学！

四、宁静方致远——实践出真知

她参加了金融管理学院"三下乡"和"井冈山红色之旅"两个社会实践活动。虽然社会实践活动已经结束，但实践给她们带来的积极影响却远没有结束。它使她们走出校园，走出课堂，走向社会，走上了理论与实践相结合的道路，到社会的大课堂上去见识世面、施展才华、增长才干、磨炼意志，在实践中检验自己。半个月的社会实践虽然比较辛苦。是庆幸？还是依恋？回想起来，才发觉，原来乏味中充满着希望，苦涩中流露出甘甜。通过这两次社会实践活动，一方面，学生们锻炼了社会能力，在实践中成长；另一方面，为社会做出了他们自己的贡献；但在实践过程中，也表现出了经验不足，处理问题不够成熟、书本知识与实际结合不够紧密等问题。回到学校后要更加要珍惜在校学习的时光，努力掌握更多的知识，并不断深入到实践中，检验自己的知识，锻炼自己的能力，为今后更好地服务于社会打下坚实的基础。

五、组织参加公益活动——完善自我

她非常热衷于公益活动，觉得公益活动是对一个人精神的最好洗礼。大一学年，她组织了为山区儿童捐衣活动，在寒冷的冬天为留守儿童送去身体上的温暖。大一下学期，她还组织了看望留守儿童的活动，和孩子们一起玩游戏，一起学习，为孩子们带去精神的鼓励。除此之外，她还组织了班级公交车站志愿者活动。在大一结束的暑假，她还参加了院团委组织的去市区敬老院调研活动，和老人们一起说说话，了解老人们的近况。她几句话的关心，老人们可以开心很久。这个活动唤醒她心中最简单的满足，做人亦是如此，不能过于贪婪。

六、潜心技能强专业——练就过硬职业本领

大一基本上的空闲时间她都在 9 号楼练技能，技能是杀手锏，大一学年她的三门技能考试课全都优秀，这与她平时把大量时间花在技能上是分不开的。她还多次参加院里组织的技能团体赛，取得优异的成绩。大二她仍然会把大量的时间花在技能上。没有什么大神，只有肯不肯努力的人！

七、考证拓展强能力——提升职业能力

大学是考证的最佳时间，这个时候的她没有工作后的浮躁，也把心思更多地放在学习上。她始终坚信，学生还是应该以学为生的。通过她大一一年的学习与努力，她在 2015 年 8 月份考出了会计从业资格证书。这是对她大一专业知识的肯定。另外，她在大一下学期取得了计算机一级和英语三级证书。目前，她已经报了银行从业资格证书和大学英语四级考试，考试时间在 11 月 2 号和 12 月份，她说一定会好好看书，争取一次通过。

八、获奖与荣誉情况

（1）获得学校运动会 50 米接力赛第二名；
（2）获得校第八届心理运动嘉年华活动团体第一名；
（3）获得校第四十一期业余党校结业证书；
（4）获得校 2013—2014 学年第二学期优秀干事；
（5）获得校第五届心理健康征文比赛二等奖；
（6）获得首届"我的青春·我的团"之支书说团情 PPT 演讲大赛二等奖；
（7）获得学院 2014 年寒假社会实践先进个人称号；
（8）获得学院 2014 年院级暑假社会实践先进个人称号。

努力造就自信的她，这也是她入学以来的努力结果，也是她艰辛付出的证明，在以后的日子里，她还会继续努力，不断将自己培养成一名优秀的金院人。她说在今后日子里，她一定会更加踏踏实实，一步步赢得未来，决不让老师和同学们失望！真正成为一个优秀金融学子、金融校友！

第二节　2015 年国家奖学金获得者：林佳滨

林佳滨，男，中共党员，1988 年 11 月出生，2006 年 12 月参军入伍，2011 年 12 月退伍，2012 年 9 月进入到浙江金融职业学院金融管理学院农村合作金融专业学习，同时任农金 121 班班长一职。在校的两年多先后荣获"寒假社会实践优秀个人"、2012—2013 学年"优秀学生干部"、第八届"十佳大学生特别奖"、校内一等奖学金、"三好学生"、系千日成长工程"先进个人""技能之星""优秀退伍大学生"、第九届文化节"十佳标兵宿员"等称号。

作为一名退伍军人，能够来到学校继续学习，是一件多么幸福的事，所以他特别珍惜这来之不易的大学生活。在学校积极发挥着军人特有的素质，不论在学习、生活，还是为同学服务，始终践行着一名共产党员的誓言。在认真学好每门课的同时，还积极参加各类竞赛及实践活动。同时，作为一名学生干部，他始终带着一颗真诚、负责的心，认真做好每一项工作，帮助身边需要帮助的同学。在做好各项工作的同时，他还抽时间努力练习技能，因为这是就业的基石，他精益求精，严格要求自己做到最好。时间飞逝，就这样地日复一日，他已经是一名大三的学生了。回顾这两年来的大学生活，心中稍有慰藉，他认为自己在各方面均取得一定的进步和提高。

一、在思想道德方面，不断加强个人修养，提升自我

大学是人生成长的重要阶段，是大学生世界观、人生观和价值观形成的关键时期，为此他特别注重思想的发展和成熟，努力提高自己的道德修养，不断完善自我。作为一名经过部队大熔炉锤炼五年的军人，更加要保持好军人的气质，同时作为一名拥有七年党龄的共产党员来说，必须要严格地要求自己，时刻以先进正确的思想和理念武装自己的头脑，牢固树立了社会主义荣辱观，深入学习和实践科学发展观，永记党的宗旨，全心全意为人民服务。在日常生活中，他遵纪守法，尊敬师长，团结同学，努力在思想行动上做好表率作用，在各方面起到了模范带头作用，具有强烈的社会责任感和事业心。

二、在学习方面，刻苦努力，获得优异成绩

作为学生，本职就是学习，大学生亦是如此，这是对自己负责，也是对社会负责。"知识是人类进步的阶梯""知识改变命运，学习成就未来""一分耕耘，一分收获"，这些伟大的格言时刻鼓励着他刻苦学习，勤练技能，坚持而不放弃。在第一次接触技能课的时候，老师就说过，坚持就是最后的赢家。在刚开始，他的技能水平是差到极点，但是他并没有放弃，每天晚上雷打不动的两个小时的技能训练，当寝室的同学在玩游戏看电视，当其他同学还在享受大学生活的安逸与舒适时，他一个人来到技能教室安静的训练，进而找到了正确的学习练习方法。同时也坚持与自己的惰性做斗争，做到眼到、手到、心到，没有丝毫地松懈。他坚信只要踏踏实实地去学，认认真真地去做，再大的困难也能克服。天道酬勤，一个学期下来，他的技能成绩在全院甚至全校都排在了第一第二的成绩。后来积极参加学校和学院的技能比赛，多次获得了点钞第一的好成绩，在今年上半年和其他两位同学代表学校参加了全国大学生银行职业技能大赛，在他们三位同学的努力下，他们一举夺得了团体第一名，同时他自己也获得了点钞项目的一等奖。取得这些优异成绩，使他在此时能够有资格申报国家奖学金，他为自己所获得的成就感到自豪。

三、在工作方面，勤恳踏实，注重工作实效

在大一第一学期，他以全数通过的票数当选了班长，成为他上大学后锻炼自我的第一个舞台。担任班长以来，他积极配合班主任做好各项班级工作，成为班主任信得过的小帮手，在老师与同学之间起到良好的沟通作用；他还积极组织班级活动，如班级文艺晚会、班级演讲比赛、班级篮球赛、羽毛球赛、拔河比赛等，积极带领同学参加学校举办的校园文化节活动，通过这些活动增强班级的荣誉感和凝聚力；在日常生活中，他关心同学，热情帮助每一位同学，乐于帮助同学们在学习和生活中存在的问题，比如指导技能差的同学，辅导学习成绩差的同学。他的努力，使得他不断成长，被同学选为"优秀班干"。他对未来充满信心，也坚信他的未来不是梦。

他一直努力使自己成为一名德智体美劳全面发展的大学生。为自己的理想去奋斗、拼搏。虽然有了很大进步，但还是有很多的地方需要学习和改正。他说，将继续用"今天我以母校为荣，明天母校以我为荣"的口号作为奋斗目标，多为学校添光添彩。

第三节　2016 年国家奖学金获得者：叶嘉威

　　叶嘉威，男，来自金融管理学院农金 142 班，后进入银领学院商行 141 班的一员，担任学院学生会执行副主席。入校以来，他一直严格遵守学院的各项规章制度，认真踏实，学习勤奋，自觉性强，积极参加各项活动，在思想、学习、工作和实践等方面都取得了优异的成绩。

　　在校期间，他曾获得学院"三等奖学金"、学校"十佳大学生——优胜奖"、学院"十佳大学生——技能之星"、第二届"江苏银行杯"业务技能个人全能赛第一名、"优秀团干部"、学院"优秀共青团员"和学院"暑期社会实践先进个人"等荣誉称号。金院让我在人生的成长道路上逐渐成熟，同时更加培养了他坚韧不拔、一丝不苟、认真务实的性格，使他对人生有了更加执着的追求和信心！以下是他从思想、学习、工作和实践等方面进行总结的：

一、思想积极向上

　　作为一名入党积极分子，在思想上，他积极上进，虽然还没有正式加入中国共产党，但是他正在不断地努力向党组织靠拢，在业余时间，通过观看中央时事新闻、参加政治思想理论学习来不断地提高自己的思想觉悟、思想认识，尤其是进入学校党校进行学习后，更提高了对党的认识，更加坚定了对党的理想信念，时时刻刻用党员的标准要求自己，争取早日加入中国共产党，这是他现在政治上最大的追求。

二、学习上努力争取

　　在学习上，他严格要求自己学好各项专业知识及与金融相关的基础知识，并不断提高实际动手能力。在课堂上他能积极回答问题，课后他也能勤跑金通教学楼练习技能，并且多次参加行业、学校和学院的技能比赛。课余时间，他会带动同学一起去练技能，在学院组织的技能团体赛中多次获得优异的成绩。通过刻苦努力，在 2014—2015 和 2015—2016 学年，他取得了智育和综合测评班级第一。

　　2015 年 12 月，他还有幸参加了北京财贸职业学院的交换生活动，虽然在北财贸学习只有短暂的 7 天，但他却从北财贸同学身上学到许多优点，比如北财贸同学课上能和老师轻松的交流，课后积极地去社会实践，课后会更加勤奋锻炼身体等，这一切令他印象深刻，同时他很感激学院能给他这次交换生学习的机会！

三、工作上勤勤恳恳

在工作上，经过两年的学生会工作的历炼，近一学期的银雁班学习和班级春秋游、社会实践等活动的组织，锻炼了他的组织能力，提升了他作为一名学生干部的内涵、修养及实际工作能力。

2015 年 10 月，他成功竞选上了学院学生会执行副主席一职，任职期间，他能认真负责任地配合主席做好学院学生会的日常工作和多项重大活动，管理好自己所对接的部门，团结其他学生会干部圆满地完成学院安排的各项工作。

四、社会实践上积极作为

作为一名大学生，要做到全面发展，社会实践是必不可少的一部分，在个人实践方面，他利用寒暑假时间积极参加社会实践。2016 年的寒暑假他分别在北京银行绍兴分行个人银行部，北京银行杭州分行营业部实习，实践期间他学到了很多课本上学习不到的知识，比如银行的大堂业务、如何服务好客户、如何与他人交流、如何向客户营销产品等等，虽然还在实习期间，但他无时不刻都以一名职业人的身份要求自己。

同时在 2016 年暑期他还参加了金融系赴安徽黟县柯村"支教"社会实践，在这次的社会实践的七天中，他意识到了无论做什么工作，都要善于做总结，从中认识到这件事或物给你带来的启示或意义，你懂得了什么，亦或是你学到了什么。就像素质拓展一样，在有些人眼里它只是游戏，不可否认，它的形式确实是游戏，但通过游戏往往能反映一个人的内涵，一个人的修养或是品质，而它也能锻炼人，塑造一个团队。

五、技能上突破自我

当代是人才素质竞争的时代，要适应时代的发展，就必须完善自我、营造自我，学会自制、学会自励。一名大学生，只有扎实的专业知识是不够的，特别一名进入银领学院的金融学子，还应当具备过硬的技能水平。追求完美，超越自我是他的性格。正因为如此，他通过勤奋练习多次在学校和学院组织的技能比赛中获得优异成绩。2017 年全国大学生银行综合业务技能大赛上获得团体一等奖，然而这一切已成为历史，未来更多的荣誉还要加倍努力去争取。

他说，对于过去，他怀着一份反省与珍惜的态度；对于现在，把握好眼前的每一秒，不要让时光无故地从身边流过；对于将来，更满怀自信！

第四节　2017 年国家奖学金获得者：张文武

张文武，男，来自金融管理学院金融 1610 班，现银领学院商行 151 班的一员，自入学以来，他严以自律，待人热情，勤奋踏实，团结友爱，在各方面取得了丰硕的成果。

在校期间，他曾获得校"一等奖学金"、校"三好学生"、校"优秀团干部"、学院"学习之星"、学院"技能之星"和学院"我最喜爱的团学骨干"等荣誉称号。金院让他在人生的成长道路上逐渐成熟，同时更加培养了他坚韧不拔、一丝不苟、认真务实的性格，使他对人生有了更加执着的追求和信心！

一、思想上向党员看齐

作为一名入党积极分子，积极参加各种有关党的理念知识的学习与培训，时时以共产党员的标准来要求自己，对于党组织的号召积极响应，积极参加各种社会实践活动，用他自己的话说，一个人不能永远只为了自己而活，应该尽自己的能力奉献社会、奉献他人。去养老院的时候，能够以"老吾老以及人之老"的精神去关爱老人；在节水宣传的时候，能够以"节水从我做起"的先行者的想法去影响他人；在做志愿服务的时候，能够以一种服务大众的热情去帮助别人。

二、学习上精益求精

他学习态度严肃认真，勤奋刻苦、锐意进取，在课堂上积极回答问题，课后能积极请教老师，利用课余时间考取了会计、证券、基金、期货等从业资格证书，大一学年，他取得了智育和综合测评班级第一。同时，他也知道作为高职生，练好技能是非常重要的，从大一入学时，他就开始勤练技能，为了准备各项技能比赛，利用放学、周末和假期进行训练，有时甚至练到晚上 12 点，就算手指在训练时被练功券割伤也不曾停下休息。通过不懈的努力，他成为学校的技能尖子，并代表学校参加了 2017 年浙江省高职院校技能大赛"银行业务综合技能"竞赛，获得了个人和团体的一等奖，获 2018 年全国大学生银行综合业务技能大赛团体一等奖，受到了参赛师生的一致好评，并获得了学校的嘉奖。

三、工作上踏实肯干

在班内，他担任团支书一职，处处以身作则，起模范带头作用，能认真做好学院和班级的上传下达工作，也能主动思考方法，为班级建设出谋划策，得到老师和班里同学的认可，组织好班级每次的团日活动并认真做好成果册。为了拍摄一段班级的宣传片，连续几天晚上修改剪辑视频，只为了能做到更好。他就是这样一丝不苟地做好每件事，在他的带领下，所在班级也荣获了校级"优秀团支部"。

在学生会中，他大一进来便担任了技能训练部的助理，经过一年的历练，他从什么都不会到组织每一场比赛，安排技能颁奖，管理技能尖子班，能够认真仔细地做好每一个细节，他讲，他非常感谢金院，感谢技能训练部，使他飞跃地成长。

四、社会实践上积极奉献

作为一名大学生，要做到全面发展，社会实践是必不可缺的一部分，在大一的寒假期间，他带领班内 5 名同学进行了有关家庭阳台绿化情况的调查，不畏冬日的严寒，穿梭在杭州的 16 个新老小区，他们制作了 400 份的调查问卷，上到 80 岁的老人，下到 5 岁的儿童，都进行了询问，最终将调查数据进行汇总，完成了调查报告，上交了政协委员，并将他们的一些建议告知了相关绿化负责人员，得到了肯定及赞赏的同时，也获得了学校 2017 年寒假社会实践"优秀团队"的荣誉称号。

全面发展是这个时代对于大学生的要求，他深知当代大学生不能"一心只读圣贤书，两耳不闻窗外事"，除了搞好学习之外，积极参加各种活动，在提升自己的综合素质的同时，也取得了不错的成绩，获校"新生杯"辩论赛冠军，获校第二届朗诵大赛二等奖等荣誉。

在他看来，年轻人就应该用自己的汗水去把握每一次让人生出彩的机会！

第五节　2018 年国家奖学金获得者：吴逸凡

吴逸凡，女，来自金融管理学院金融 1710 班，后成为银领学院商行 165 班的一员。

在校期间，曾获得校"86届校友技能奖学金"、校"技能之星金奖"、校"优秀共青团员"、校"优秀学生干部"、学院"技能之星—全能"等荣誉称号。学校"诚信、明理、笃行"的学风造就了她良好的学习习惯，老师们正确的教育引导给了他更大的成长空间，同学们的热忱帮助和大力支持，更加坚定了他对学习的信心和追求，正是在大家的帮助下，取得了一些成绩。

一、思想上严格要求

她是一名学生干部，在遵守校纪校规上，以身作则，严格要求自己，守好纪律底线；关心、关注社会时事，认真学习习近平新时代中国特色社会主义思想，使自己在思想上保持党中央的高度一致，积极参加有关入党知识的培训与学习，加强自己对党的认识和了解，并积极撰写入党志愿书，向党组织靠拢，积极参加入党积极分子的各项活动，努力使自己早日成为一名光荣的共产党员。

二、学习上刻苦努力

在学习上她刻苦努力，目标明确，坚持认真上好每一堂课，做好每门课的笔记，做到课前预习，课后复习，及时完成课后作业；技能作为高职生的重要职业能力的体现，她十分清楚它的重要性，身为一名中职上来的她，有一定的技能基础，为了获得更好的成绩，他放弃了大量的休息时间（双休日、寒暑假等）勤练技能、进入了学院、学校的技能尖子班，参加学院、学校的专业技能比赛，终于取得了不错的成绩，还代表学校参加2018年的全国职业院校技能大赛"银行业务综合技能"比赛及省赛，均获得了团体一等奖的优异成绩，为学校、学院争得了荣誉。同时，她还认真学习金融类专业知识，并报考了多门金融从业资格的考试，获得了银行、证券及会计等三个职业资格证书。

三、工作上尽职尽责

作为班长，她团结全体班委认真开展工作，抓班级的主题教育、安全工作、学风建设、宣传工作等，并精心策划并开展各项班级活动，以增进同学们的相互了解，增强班级的凝聚力，做好同学与老师之间的信息沟通工作，努力使自己成为学生的贴心人，老师的好帮手，在老师们的精心指导下和同学们的大力支持下，她们班级获得了学校的"学风示范班"称号，她的工作也得到了大家的肯定和老师的认可。

在大学生职业联合会中，她大一进来便担任了行政管理部的干事，经过一年的历练，她从什么都不会到组织举办每一场活动，安排活动颁奖，管理大学生职业联合会各部门的各项事宜，能够认真仔细地做好每一个细节，并被评为"优秀干事"，她懂得感恩，感谢学校，感谢大学生职业联合会的各位小伙伴，使她得到了飞快地成长与发展。

四、社会实践上甘于付出

专业实习是一名大学生成为职业人的重要环节，也是学校人才培养计划的基本要求。在大一的暑假期间，她来到了华夏银行城北支行实习，作为一名大堂经理助理，她负责在银行大堂内解答客户问题，引导办理业务的客户填写单据以及做好客户分流。同时，指导客户激活并学习使用华夏银行口令牌，大堂内如果出现客户情绪激动，负责安抚客户的情绪。让每一位客户感受到她们作为银行工作者的微笑，感受到她们的热情，感受到她们的专业。

除专业实习外，她积极参加各种活动，在提升自己的综合素质的同时，也取得了不错的成绩，获校"诚信考试"海报设计大赛一等奖，获校学生学业生涯规划设计大赛三等奖等荣誉。

在她看来，现实是未知多变的，未来要靠自己去打拼，她相信她选择的路，她会一直坚持走下去，而且会走得更好。

第六节　2018年国家奖学金获得者：牟安琪

牟安琪，女，来自金融管理学院金融1710班，后成为银领学院商行168班的一员，曾担任学院宣传部干事。入校以来，她一直严格遵守学院的各项规章制度，认真踏实，学习勤奋，自觉性强，积极参加各项活动，在思想、学习、工作和实践等方面都取得了优异的成绩。

在校期间，她曾获得浙江省高职院校技能大赛"银行业务综合技能"团体一等奖、全国"信青年"杯信用知识竞赛优秀奖、第十七届"众诚杯"职业技能大赛五笔单字第一名、第十七届"众诚杯"职业技能大赛五笔文章第一名、校第二届"技能之星"86届校友奖学金、校"技能擂台赛"五笔文章第一名、校"技能擂台赛"五笔单字第一名、校"优秀共青团员"和学院"技能之星"等荣誉称号。金院让她在人生的成长道路上逐渐成熟，同时更加培养了她坚韧不拔、一丝不苟、认真务实的性格，使她对人生有了更加执着的追求和信心！以下是她从思想、学习、工作和实践等方面对自己的小结。

一、思想上积极向党

作为一名入党积极分子，在思想上，她积极上进，虽然还没有正式加入中国共产党这个大家庭，但是她正在不断地努力向党组织靠拢，充分利用业余时间，通过学习各种理论学习渠道来不断地提高自己的政治思想水平和觉悟，时时刻刻用党的标准来严格要求自己，坚决听党话、跟党走，积极响应党的号召，积极参加学校开展的各项入党积极分子的活动，争取早日加入中国共产党，成为其中的一员。

二、学习上努力向前

在学习上，她严格要求自己学好各项专业知识及与金融相关的基础知识，利用课余时光考取了基金从业、证券从业、银行从业、期货从业、会计初级职业资格等多项专业证书。在课堂上她认真听讲，不懂就向老师、同学请教，积极参与回答各种问题，课后她经常到金通技能教学楼练习技能，并且多次参加和行业、学校和学院的技能比赛。课余时间，她会带动同学一起去练技能，在学院组织的技能团体赛中多次获得优异的成绩。通过刻苦努力，在2017-2018学年，她取得了智育班组第一和综合测评班级第二。

2018年4月份，她还有幸参加了浙江省高职院校技能大赛，在这训练的一个月中，她在老师和其他同学的身上，学到了很多。技能也有进一步的突破。在技能上本有很多地方不解，在老师和同学的交流中，问题迎刃而解。这一个月的训练生涯令她倍感受益，同时她很感激金融管理学院和各位老师能给予的这次参加省赛的锻炼机会！

三、工作上积极为同学服务

在工作上，经过一年的学生会工作的历练，班委的工作和班级春秋游、社会实践等活动的组织，锻炼了组织能力，也增加了与其他同学的交流沟通，更拉近了与同学们之间的距离，积累了一些工作经验，同时也提升了自我的内涵和修养。我想，今后她能使自己有更好地服务同学和老师，成为老师的好帮手，同学的知心朋友。

四、社会实践上深入基层

作为一名大学生，要做到全面发展，社会实践是必不可少的一部分，在个人实践方面，她能利用寒暑假期间积极参加社会实践。在 2018 年的寒暑假她分别在星火教育机构营销部和浙江恒祥物联科技有限公司会计实习，实践期间她学习到了很多课本上没有的知识，比如如何服务好客户、如何与他人交流、如何把书本的知识融通到实践等等，虽然还在实习期间，但她无时不刻都以一名职业人的身份严格要求着自己。

五、技能上践行工匠精神

作为一名中职毕业的高职生，她与普高生源的同学最大区别或者说拥有的最大优势，就是她们在中职已经开始学习了相关的职业技能。技能的掌握完全靠多练习、多实践，凭借先发优势，她一再叮嘱自己要保持自身的优点，保持中职生源的特点，而且还要进一步提升自己的职业技能，并真正达到行业和职业岗位的要求。她这样想的，也是这样做的，坚持天天练习技能，几乎没有一天停止练习过，做到用心、用力，也正因为自己的坚持，她在班级的技能比赛中，显露头角，后进入学院的技能的技能尖子班，并在学院技能比赛中也取得了优异成绩。在进入学校技能尖子班后，更是得到了专业技能老师的精心指点，她的技能水平更上一层楼，而且有幸代表学校参加了浙江省银行业务综合技能大赛，取得了优异的成绩，这更加激励了她练习技能的信心和决心，也让她感到日常辛勤练习的价值。

面对职场，她说，她将保持自己高职生的本色和特色，认真践行工匠精神，在自己的工作岗位上，用自己过硬的本领服务社会，体现自身的价值！

第七章
2016 年金融管理学院十佳大学生

  浙江金融职业学院于 2006 年始，每年把评选十佳大学生作为学校一项重要的活动来进行，十佳大学是优秀学生的代表，为此学校制定了相关的入选条件与要求，具体如下。

一、基本条件

  （1）热爱社会主义祖国，拥护中国共产党的领导；

  （2）遵守宪法和法律，遵守学校规章制度；

  （3）诚实守信，尊师重道，有强烈的社会责任感和使命感，关注民生、心系社会集体意识强，道德品质优良；

  （4）追求知识，热爱科学，善于创造、勤于学习。在校期间在专业学习、社会工作及综合素质拓展等方面综合表现优异，社会实践、创新能力、综合素质等方面特别突出，在校期间引起了全系师生广泛关注。

  （5）强健体魄，热爱生活。保持健康身心，磨砺意志，不怕挫折，关爱自然，爱护环境、珍惜资源。

二、具有下列条件之一者，可优先获推荐资格

  （1）政治立场坚定、具有敏锐的政治鉴别力和政治责任感，在重大突发事件和大是大非面前立场坚定，勇挑重担；任学生干部认真负责、恪尽职守，能热心为广大同学服务，在同学当中具有很高的威信和感召力；富有强烈的社会责任感，积极参加各项社会公益事业和志愿者服务活动，用自己的实际行动回报家庭、校系和社会。

（2）勤奋好学、刻苦钻研，品学兼优、全面发展、有较强的实践能力，事迹典型，且能够带动同学共同学习，先进带动后进，在同学中起到很好的模范带动作用。

（3）能够不计个人所得，尽己所能付出爱心，关注并帮助弱势群体，积极参与组织各种爱心捐助活动、帮残助困、义务支教等活动；关心同学，乐于助人，能够积极主动帮助在生活、学习、心理等方面需要帮助的同学。

（4）积极组织或参加校系各类体育活动，成绩突出；代表校、学院在省级、国家级比赛中，顽强拼搏，积极进取，获得优异成绩，为校、学院乃至全省、全国赢得荣誉。

（5）敢为人先、积极上进、敢与不良现象做斗争；个性阳光、率真、健康，爱好广泛，积极参加各项学生活动，有一定特长，有时代感，具备当代大学生应有的良好精神风貌；尊敬师长、团结同学、明礼诚信、拾金不昧，有其独特的人格魅力或精神品质，能够用自己的健康阳光的性格感染周围同学。

（6）面对困难，能够以巨大的勇气接受生命的挑战，自强自立，用执着和坚持在逆境中飞扬，在逆境中创造奇迹。

（7）团结和带领身边同学，在就业、择业、资历证书获取、专业赛事参赛等方面，积极引导和带动同学们及早做好相关就业准备，并取得良好的效果。

三、各项目具体条件

（1）诚信之星：在学习、生活、缴费、就业和与人交往中时刻践行诚信的优良品质，有突出的诚信事迹。

（2）自强之星：自立自强，能克服家庭经济以及其他方面的困难，在困境中不断进取，学习刻苦，自身全面发展。

（3）助人之星：积极参加志愿者活动，在日常学习生活中乐于助人，给同学提供力所能及的帮助，有突出的助人事迹。

（4）技能之星：平时积极参加技能训练和各种技能比赛，达到技能尖子标准，在校内外各项技能比赛中获得优异成绩，在日常技能训练中能带领同学们一起进步。

（5）学习之星：学习刻苦，有优良的诚信学风，每个学期的学习成绩在同一年级出类拔萃，在校内外各种学习竞赛中有突出的成绩。

（6）学术之星：学习刻苦，勤于思考，喜爱钻研，在课外学术和科技竞赛中有突出的成绩。

（7）体育之星：积极参加课外体育锻炼，具有优良的体育素养和运动能力、运动技术水平，在校内外的各种体育赛事中有突出的成绩，为学校争得荣誉。

（8）文艺之星：积极参加校内外文艺活动，具有优良的文艺修养和文艺水平，在校内外各种文艺比赛中能为学校争得荣誉。

（9）实践之星：平时积极参加各种社会实践活动，在学院和系部组织的寒暑假社会实践中有突出的表现，能起到示范作用。

（10）服务之星：校、院、班级的学生干部，在日常工作中能以身作则，恪守职责，有较好的群众基础，积极主动为同学服务，发挥好同学、老师、学校的桥梁纽带作用，做到"本人优质成长，带领同学进步，展示学院质量"。

按照上述评审要求与条件，2016年金融管理学院通过各班的筛选，学院团总支的初步审核、现场答辩及党总支的最后审定、公示，确定刘俊、陈龙威、汪凌峰、郑文成、张虚平、曹睿阳、叶嘉威、余星星、龚佳晨、郑伟杰为学院十佳大学生，其中郑伟杰、张虚平、余星星分别被评为学校的实践之星、学习之星、体育之星，叶嘉威获学校十佳大学生优胜奖，刘俊、郑文成、汪凌峰分获学校自强之星、服务之星、公益之星提名奖，具体事迹材料如下。

第一节　自强之星：刘俊

刘俊，男，退役士兵大学生，金融管理学院学生会副主席兼金融145班班长。

时间流淌，转眼就到了第二学年。这两年来，无论是他个人还是他主管的班级和部门在老师及金融管理学院的这个大家庭中都在成长着、发展着、探索着。在学校工作和生活中，首先他非常感谢所有老师和同学们能够信任他，当上班长，让他能够充分地发挥个人长处，遇见困难老师能够及时帮助和解决，不仅让从部队出来的他更加融入社会，还学会了更多的知识，也交了很多的朋友，同时有提高的见识。

一、尽班长之职，锻炼自我

用心拼凑、群策群力、诚信明理、以爱相守、是他大一刚当上上班长所确立的方向和目标，在带领班级工作中，他们班两次获得学风示范班，一次先进班级、分别获得系、院、优秀团支部。无论在哪个岗位，他都能做好表率，以身作则，实事求是，公平公正的处理班级和个人情况。由于个人实际情况，在部队虽然信息比较封闭，导致有点和社会脱节，在当上班长后，他第一时间正视和面对问题，积极与班级同学开展思想交流，利用沟通打开了解班级人员思想第一步。明确重点，以务实态度管理班级、以关爱的心关心同学、思想和同学们想法尽量保持同步。及时进行思想交流发现问题并及时进行处理与解决。多表扬给予鼓励，多批评及时指出问题。从小事做起，积极的帮助同学们处理好各种问题，共同开展完成工作。以身作则，敢于担当，利用点滴小事潜移默化的改变班级氛围与个人。明确任务，充分发挥班级人员主观能动性，共同开展工作。

二、突破自我，服务全院同学

在金融管理学院生活部和女生部工作中充分发挥了自身特有的优良传统，结合工作实际和老一辈的工作经验，成功举办了寝室美化大赛，寝室情景剧大赛，叠被子大赛、魅力女生大赛等主要活动与比赛。在工作中，今年部门大力培养新人，敢于把工作交给他们，结合部门实际，让他们学以致用，从一个简简单单的电子表格学习制作到部门活动的主人翁意识和个人想法。从给予他们充分的信任和理解到他们自己主动组织沟通获得成长。

利用每次开展的活动，利用他们的平时的总结和各自提意见，利用平时在组织协调的经验，利用点点滴滴的工作和生活，充分调动积极性，真正地做到同甘。在每一次活动中，做到以饱满的热情且不推脱、不等、不靠，其次让他们能够发自内心的一起共苦，同时让他们的心向部门靠近，向学生会靠近。

三、在工作中提升自我

从当上班长再到学生会工作以来，就代表着服务，服务身边同学、服务系部、身上担任着一种责任。从一名班长转变到学生会副主席的转变，它不仅是职务的转变，同时也是工作思想的工作方法的转变。按照老师的指示，开展了自己的工作。在工作中积极配合主席策划和组织的学生会各项活动和工作，并且协调他所负责的两个部门，并顺利地完成各项工作，认真完成本职工作。

在工作这一学年以来，完成了一些工作，取得了一定成绩，总结起来有以下几个方面的经验和收获：1.只有摆正自己的位置，下功夫了解学校情况，才能更好开张工作和他人做更深的交流。2.只有主动融入集体，处理好各方面的关系，才能在新的环境中保持好的工作状态。3.只有坚持原则落实制度，认真统计盘点，才能完全掌握学校情况。4.只有树立服务意识，加强沟通协调，才能把分内的工作做好。5.要加强与同学的交流，要与同学做好沟通，解决工作上的情绪问题，要与大家进行思想交流。6.加强检查，及时改正，在工作中及时的发现问题正确认识自己，不逃避才会成长。

经过紧张有序的学习生活，他感觉自己工作上了一个新台阶，做每一项工作都有了明确的计划和步骤，行动有了方向，工作有了目标，心中真正有了底！基本做到了忙而不乱，紧而不散，条理清楚，事事分明，从根本上摆脱了参加工作时只顾埋头苦干，总结经验不深，发现问题没有及时解决问题现象。从无限繁忙中走进这一年，又从每一次工作结束时，拍集体照的无限幸福中度过这么有意义的在学校的每一段时光。还有在工作的同时，他还明白了更多为人处事的道理。也明白了一个良好的心态，一份对工作的热诚及其相形之下的责任心是如何重要。

总结下来：在学院的工作中接触到了许多新事物、产生了许多新问题，也学习到了许多新知识、新经验，使他在思想认识和工作能力上有了新的提高和进一步的完善。在日常的工作中，他时刻要求自己从实际出发，坚持高标准、严要求，力求做到自身学习和管理带头工作中素质双提高。

他将继续努力，多向领导汇报自己在工作中的思想和感受，及时纠正和弥补自身的不足和缺陷。带头工作、带头团结、带头实干、带头合作、及时协调，注重细节，做事做到标准化，努力学院服务工作向前推进。每天都是新的征程，每天都有新的经历，每天都有新的成长。

个人获奖与荣誉：

（1）2014—2015 学年获校新生军训优秀教官；

（2）2014—2015 学年获校"军事教育协会"优秀个人；

（3）2014—2015 学年获校"我在两万里长征路上"一等奖；

（4）2014—2015 学年获校"优秀学生干部"称号；

（5）2014—2015 学年获"校园叠被子大赛"一等奖；

（6）2014—2015 学年获金融管理学院"寒假社会实践先进个人"称号；

（7）2014—2015 学年获金融管理学院"优秀学生干部"；

（8）2014—2015 学年获金融管理学院爱生节演讲"三等奖"；

（9）2014-2015 学年获金融管理学院第四期银雁班"优秀学员"；

（10）2014-2015 学年获金融管理学院班长说班情演讲一等奖。

个人感言：永远保持着对生活的热忱和精气神，爱工作、爱集体、爱生活。

第二节　自强之星：陈龙威

陈龙威，男，生于 1995 年 10 月，是浙商启航 141 班的学生。入学以来他遵守学校规章制度。学习勤奋，自觉性强，参加各项活动，在思想、学习、生活、个人实践等方面都取得了较大的进展。

一、刻苦奋斗，学习领先

自 2014 年自主招生进了学院，深知自己家庭经济困难，他入学后就一直认真地对待学习，参加勤工俭学，平时生活简朴。凭借奖学金、助学金、工作解决了学费的问题和部分生活费用问题。在三个学期中，他的智育和综合测评都名列班级第一，他相信"一分耕耘，一分收获"，他相信自己现在的付出在将来都会有回报的。

二、才干突出，认真负责工作

他在班级担任组织委员、副班长，他认真地负责班级里的每一个自己所要去完成的工作，同时也会积极地配合和帮助其他同学完成任务。进入班级后他组织了各项活动。在大一他组织了各项能够提高班级凝聚力的活动和各类主题班会，为班级带来了不少的快乐和色彩，为提高班级的凝聚力做出了一定的贡献。能够帮助这个班级进步是他的荣幸，他会用自己最大的能力去为这个班级付出更多。

三、不断地锻炼提高自己的能力

他加入金融管理学院的青年志愿者中心的行列中。在当中他为学校运动会的开展做出了有力的帮助，为校园招聘的顺利进行提供了帮助，他还参与组织为山区儿童献爱心活动。去敬老院探望老人们，给他们带去了缕缕温情和快乐。虽然这并不轻松但是他体会到乐于助人的快乐，得到更多的友谊之情，他的思想也因此更加成熟。志愿者的责任重大，会用他的爱心去为这个名词负责，去帮助更多的人。同时他还加入金融货币博览馆的贝韵班，经过了一段时间的努力和奋斗他得到了学姐学长还有老师的肯定，成为当中的一名主讲人员，在这当中他不断地锻炼他的口才能力。在未开学的暑假当中他进入了一家单位实习，还参加了各类房展车展的销售活动，这也不断地提高了他的人际交往能力，并提升自我的服务形象。而现在他是金融系青年志愿者中心副主任，他说会用自己的信心和诚心认真地服务同学和老师们。

四、兴趣爱好广泛，性格良好

他兴趣爱好广泛，他喜欢欣赏音乐，喜欢看书，喜欢古代的文化。他还是一个热爱运动的人，他喜欢用汗水挥洒心中的烦闷和焦虑，所以他是一个阳光的人，积极乐观地面对每一件事，不以物喜不以己悲。

五、提高觉悟，充实思想

他踏实肯干，努力学习。自我发现自我觉悟，为周围人负责的同时也努力学习党的相关理论政策，提高自己的政治素养。积极主动地向党靠近，在第一学期他被推选为入党积极分子，在接下来的党校中努力学习马克思主义、毛泽东思想、邓小平理论和党的基本路线，学习科学文化还有业务，不断提高政治觉悟。他会认真负责，全心全意为人民服务，维护党的团结统一，忠诚于党，以爱国之心回报社会。

六、目标明确

梦想和目标是进步的动力。他要在接下来银领学院学习的这段时间去拼搏去努力，不断提高自己的组织能力、领导能力、人际交往能力，学习更多的职业技能。让自己完美地过渡为社会人，在将来的职场上有更多的优势，让自己更容易地立足于这个社会群体当中。

人总是在进步的，他一直在不断地拼搏，一直用自己汗水书写青春的朝气。他并不优秀但他相信自己是最努力的一个。他对待别人有着诚挚的心，对待这个社会有着感恩之情，懂得父母的艰辛和劳苦，他脚踏实地，艰苦奋斗地去做每一件事情。他会更加地努力去做，为这个家担起责任，为了实现中国梦而拼搏。

个人荣誉与获奖情况：

（1）2014—2015学年荣获金融管理学院十佳大学生；

（2）2014—2015学年荣获国家励志奖学金；

（3）2014—2015学年荣获校三等奖学金；

（4）2014—2015学年荣获金融管理学院暑期社会实践先进个人；

（5）2014—2015学年荣获金融管理学院实践模范；

（6）2014—2015 学年荣获校优秀团干部；

（7）2014—2015 学年荣获学院优秀团干部；

（8）2014—2015 学年荣获学院优秀干事；

（9）2014—2015 学年荣获中国农业发展银行杯暑期征文优胜奖；

（10）2014—2015 学年荣获学校技能擂台赛传票金星奖；

（11）浙江金融职业学院 2014—2015 学年荣获学校反假币知识竞赛一等奖；

（12）浙江金融职业学院 2014—2015 学年荣获学校反假币进社区积极分子；

（13）浙江金融职业学院 2014—2015 学年荣获学校新生杯排球赛团体第二；

（14）浙江金融职业学院 2014—2015 学年成为入党积极分子；

（15）浙江金融职业学院 2014—2015 学年荣获文明寝室；

（16）浙江金融职业学院 2014—2015 学年荣获动漫配音大赛团体第二；

（17）浙江金融职业学院 2014—2015 学年荣获校运动会男子 400M 第八；

（18）浙江金融职业学院 2014—2015 学年荣获校园定向男子组第二名。

个人感言：黄沙百战穿金甲，不破楼兰终不还。

第三节　公益之星：汪凌峰

汪凌峰，男，汉族，1993 年 5 月 17 日生，金融管理学院农金 141 班班长，2011 年 12 月参军入伍，在山东省长岛县 71281 部队服役两年，退役后就读于浙江金融职业学院农金 141 班，现任院团委青年志愿者总会会长，并兼任班级班长一职。在大学生活中，他十分注重个人能力的培养，积极投身到志愿者公益及各类社会实践之中，热心参与了校迎新志愿者、校庆志愿者等志愿活动。在这些活动中，他充分锻炼了自身各方面的综合能力，拓展了自己的视野，并取得一定的成绩，得到了老师和同学们的认可与支持。

一、退伍不褪色，成为优秀的学生

时间流逝，大学生活已经过去了一半之多，他也从一名退役士兵成功转变成了一个合格的大学生。都说军人退伍不褪色，他也把在部队学习到的优良传统带到了校园，在过去的一年中，他充分发挥了一名退役士兵坚持不放弃的精神。在学习方面，对于 2010 年就高中毕业的他来讲是茫然的，但他并没有因此放弃，凭借着一股不服输的韧劲，他努力学习，虚心向同学请教，最终通过自己的努力，在大二上学期赶上了同学们的脚步，各项学科均达到良好以上成绩，并取得了班级综测排名第5的好成绩。

当然，大学生活不仅仅只是学习书本上的知识，还更应该提高自身各项综合素质。在他看来，最有效的途径就是加入学校的各个学生组织中去，所以他根据自身实际情况，怀着炙热的服务之心加入了校团委青年志愿者总会，在这个团结互助、无私奉献、助人为乐的大家庭里，他积极努力从事公益事业，也就是从那时候，他热爱上了公益事业。心从志，愿无悔！这六个字不仅仅是一句口号，也深深地融入了他的血液。只要部门里有什么志愿活动，他都是第一个报名参加，他希望可以尽自己所能去帮助他人，同时他也非常享受帮助他人过程中的快乐。

二、热爱公益事业，奉献自己的光和热

2014年10月参加了高校志愿者培训，初次接触公益这个词，看到PPT上一张张志愿者参加志愿活动时的照片以及他们脸上的笑容，他突然发觉这才是世界上最最纯真的笑脸，不含一丝杂质，这样的笑容是那么地真实，那么地纯朴。通过这次的志愿者培训，提高了他的志愿者服务理念，唤起了他的志愿服务意识。这也为他以后独立组织志愿服务活动积累了经验。

2015年3月参加了下沙各高校联合举办的"爱心衣加衣"活动，此次活动共募集衣物近百件，在为偏远山区的人们送去温暖的同时也积累了志愿活动的经验。

2015年9月参加了院迎新志愿者服务，这是对他感触较深的一次活动，在车站迎接小学弟小学妹的时候，一位家长对他说了这么一段话：看到你们这样一群红马甲的人他就感觉特别亲切，学校为了迎接他们安排了这么周到的服务，这让你对孩子在这个学校学习就更放心了。那一瞬间，他感觉自己所做出的努力和牺牲是完全值得的。

2015年10月参加了献爱心无偿献血活动，通过此次活动，让他体会到无偿献血的真正意义，献血是爱心奉献的体现，是一种将自身的血液无私奉献给社会公益事业，而不向采血单位索取报酬的行为。无偿献血是终身的荣誉，无偿献血者会得到社会的尊重和爱戴。

2015年10月参加了反假币宣传服务，每当看到新闻里报道某某地区老人因不能正确识别钞票而被骗的惨剧，他都深深地痛恨那些无耻之徒。所以他希望能通过反假币宣传提高人们对于人民币的识别能力，让那些不法之徒没有机会再去欺骗人们。

2015年11月参加了院40周年校庆活动，有幸得到老师和学长们的信任，让他担任了校庆旗手志愿者的负责人。这是他第一次被委派独立负责完成活动。对此，他的心里是十分紧张。一是担心自己经验不足，考虑问题不能仔细周到，二是志愿者人员数量大，管理组织不易。尽管他已经连续带了两届的新生军训，有一定的管理经验。但是志愿服务与军训管理从本质上并不相同，军训管理讲究的是对学员的绝对控制管理，要求学员一切都要服从指挥，做到令行禁止。但是志愿者服务本身秉持的就是自愿为主，不能过分要求他们一定要做什么。但是既然老师和学长们信任他，将这个任务交给了他，就一定会尽他最大的努力，高质量地去完成。在活动准备期间，他积极与各小组组长讨论，虚心听取他们的意见建议，并及时与老师沟通，最终制定出完善的工作计划，使得任务能够得到圆满完成，得到了老师的肯定。这次的活动提高了他的管理能力，也为他以后的活动组织能力积累了不少的经验。

2015年12月参加了杭州G20服务志愿者联盟，作为一名浙江人，对于G20峰会能在杭州召开他感到十分荣幸，也希望可以通过自己的努力为G20峰会的顺利召开贡献出自己的一份微薄之力。

2016年3月份，组织策划了"做文明的使者"专题系列活动，从一名公益的行动者到一名组织者、领导者，他懂得了做公益不仅仅只是"做"那么简单，还要学会分享自己的志愿精神，宣传公益的正能量，让更多的同学加入，奉献爱心，热爱公益。

公益事业不分大小，爱心活动不计多少。只要能给予温暖和关怀的，他必会毫不犹豫地上前。他只希望尽自己之所能去帮助别人，在帮助别人的同时让自己得到锻炼，收获成长！当然他也要继续努力，只有自己的能力提高了，才能去帮助更多需要帮助的人！

个人荣誉与获奖：

（1）2015年09月获校2015级新生军训"优秀教官"；

（2）2015年10月获得会计从业资格证书；

（3）2014年12月获校第十五届冬季长跑团体"第一名"；

（4）2015年12月获校第十六届冬季长跑团体"第一名"；

（5）2015年12月获校2015年度体育联赛攀岩"团体第一"；

（6）2014年11月获校军事教育协会"优秀个人"；

（7）2014年12月获校保卫处安全活动月"先进个人"；

（8）2014年09月获校2014级新生军训优秀学员；

（9）2014年09月获学院2014级新生军训优秀教官；

（10）2015年04月获学校爱生节演讲比赛"三等奖"；

（11）2015年05月获学院标兵宿员评比大赛"安全标兵二等奖"；

（12）2015年06月获学院银雁班培训"优秀学员""计算机等级一级"。

个人感言：一个人的力量是很难应付生活中无边的苦难的。所以，自己需要别人帮助，自己也要帮助别人。心从志，愿无悔！

第四节　服务之星：郑文成

郑文成，男，退役士兵大学生，1992年9月出生，汉族，团员，金融141班学生，任班长和金融管理学院学生会主席。

一、不忘初心，争做优秀退伍士兵大学生

在进入浙江金融职业学院以来，他始终保持着积极向上的心态，妥善处理好学习和工作两者之间的关系，努力做到全面发展。作为祖国未来的接班人，他从各方面严格要求自己，努力提高个人素质，面对即将走出社会的人生之路，他积极地勇往直前。他的座右铭是"坚持就是胜利"。

作为退役士兵，2014年9月，有幸担任了2014年军训团投保学院军训教官，所在连队获得"优秀先进方阵"荣誉称号；2014年10月，担任金融141班团支书一职，所在团支部获得院"2015年五四红旗团支部"、金融管理学先进班级、学风示范班等等多项荣誉；2015年4月，担任学院第四期银雁班副班长；2015年7月，担任2015年学院赴丽水暑期社会实践分队队长，所在分队获得了"浙江省2015年暑期春泥计划最美春泥团队"荣誉称号；2015年9月，担任2015年军训团金融管理学院军训教官，连队获得"优秀先进方阵"荣誉称号；2015年11月至今，担任学院学生会主席。

个人曾获得校首届团体辅导"最佳逐梦奖"、2015年校暑期社会实践"先进个人"、2015年校"我在两万五千里的长征路上回忆"比赛一等奖、学院第四期银雁班"优秀学员"、学院"爱生节之金院人讲述自己比赛"二等奖、学院"感恩文化周"优秀志愿者、学院2014年"我最喜爱的团学骨干"称号、学院第二届"支书说团情"一等奖、浙江省2015年暑期春泥计划"最美春泥使者"等等多项荣誉称号。

二、不辱学生会主席使命，服务好同学

虚心，坚持，学会适应，也是父亲常挂在嘴边的叮嘱，他也是一直以此为标准严格要求自己。无论是学习、工作还是交际，他都尽量地做好自己的本分。他在班内经常帮助同学解决疑难，并把他在各方面所学到的经验跟他们分享，也带动了同学们之间的良性沟通交流，做好模范作用。不管是在担任金融管理学院学生会主席，还是担任班级团支书期间，始终以"从我做起，服务同学"为宗旨，真正做到为同学服务，代表同学们行使权益，积极参与学校、学院的各项活动。在工作中，他敢于接受任务敢于承担责任，组织同学积极参加各类活动，踏实肯干，得到同学们的拥护，能够做好老师的助手，能为同学服务，他也积极参加团组织的活动，并且在学习上，生活上，发挥退伍军人本色，以身作则，树立好榜样。参加学生会工作、班集体工作，锻炼了他的组织能力、策划能力、交际能力等，也培养了他不断向困难挑战的精神，更为重要的是让他明白怎样在一个团队中通过协作获得成功。

在取得各方面成绩的同时，他也谨记"没有最好，只有更好！"进入浙江金融职业学院，是他人生中一个极为重要的阶段。在这两年中，他在各个方面都获得了巨大的进步，综合素质得到了很大的提高。他要特别感谢院系领导以及辅导员班主任的大力培养。今后他将更加严格要求自己，以求有更好的表现。"路漫漫其修远兮，吾将上下而求索"。在未来的生活中，他将以百倍的信心和万分的努力去迎接更大的挑战，用辛勤的汗水和默默地耕耘谱写美好的明天！他会更加努力，脚踏实地一步一步走好人生的每一步，以更昂扬的姿态迎接每一次挑战，抓住每一次机遇，描绘属于自己的绚丽蓝图！他也会以实际行动来证明自己，不辜负组织和老师同学对他的期望。

个人荣誉和获奖：

1.集体荣誉

（1）曾担任 2015 年金融管理学院赴丽水暑期社会实践分队队长，所在分队获得了浙江省 2015 年暑期春泥计划"最美春泥团队"荣誉称号；

（2）曾担任金融 141 班团支书一职，所在团支部获得院"2015 年五四红旗团支部"、学院先进班级、学风示范班等多项荣誉；

（3）曾 2014 年军训团投保学院军训教官，所在连队获得"优秀先进方阵"荣誉称号；

（4）曾担任 2015 年军训团金融管理学院军训教官，连队获得"优秀先进方

阵"荣誉称号。

2.个人荣誉

（1）浙江省 2015 年暑期春泥计划"最美春泥使者"；

（2）浙江金融职业学院首届团体辅导"最佳逐梦奖"；

（3）浙江金融职业学院 2015 年暑期社会实践"先进个人"；

（4）浙江金融职业学院 2015 年"我在两万五千里的长征路上回忆"比赛一等奖；

（5）学院第四期银雁班"优秀学员"；

（6）学院"爱生节之金院人讲述自己比赛"二等奖；

（7）学院"感恩文化周"优秀志愿者；

（8）学院 2014 年"我最喜爱的团学骨干"称号；

（9）学院第二届"支书说团情"一等奖；

（10）学院 2015 年暑期社会实践先进个人。

个人感言："路漫漫其修远兮，吾将上下而求索"。在未来的生活中，他将以百倍的信心和万分的努力去迎接更大的挑战，用辛勤的汗水和默默地耕耘谱写美好的明天！

第五节　学习之星：张虚平

张虚平，男，金融 141 班学习委员与院团委校友联络部副部长。在学习上认真努力，刻苦勤奋；在能力上他积极锻炼，全面发展；在生活中，独立自主，乐于助人；在思想上他追求上进，追求卓越。在忙碌而充实的大学生活中，他不断求知，不断进取，也在不断收获，不断成长。在大学的生活中，在老师和同学们的帮助下，他取得了不小的成长与进步。

一、思想上积极进取

在学习和能力提高的同时，他更积极要求思想上的进步。在大一上学期，作为学习委员，每学期定期向班级的团支书递交思想汇报，并且在平时生活中，能够经常进行批评和自我批评，并且从多方面收集同学对自己的看法，对于自己身上可能存在的问题，进行及时地反思并改正。在大一下学期，他依旧从不间断，平时热爱集体、关心集体，团结同学、关心同学、尊敬师长。凭借自己积极的思想态度被班级推优。作为入党积极分子，按期向党组织递交入党志愿书和思想汇报，并且在班级的活动中积极参与，辅助班长和团支书积极办好班级活动。

由于热忱的上进心和对党的热爱，他积极进取，认真学习，并且参加了各项学校和学院举行的比赛，获得各种优秀奖。学院举行的党的活动不仅让他对党的认识日渐深刻，而且更加坚定了自己加入中国共产党的信念。在十八大召开期间，他认真聆听总书记的讲话，在党的知识、理论熏陶下，他的思想更加成熟，明确了自己肩负的历史重任，坚定了现在认真为老师和同学服务，将来投身共产主义事业，全心全意为人民服务。坚持学习党的先进理论，关注国家大事，了解社会信息，用社会主义核心价值体系武装自己，形成正确的人生观、世界观、价值观。在人才济济的大学校园中，他始终信守着"天道酬勤，人定胜天"的箴言。他始终提醒自己学习要刻苦，工作需努力，做人应踏实！在平时的工作和学习中他注重细节，认真对人对事，勤奋学习，善于发现，善于创新。相信凭借这些追求自我综合素质全面提高的优秀品质，使自己不断进步，不断成长，不断超越自我，成为名副其实的新时代优秀大学生。

二、学习上不断超越

虽然生活很忙碌，工作很繁忙，但是这并未影响他对学习的热情。在刚入学时他就为自己制定了合理的学习计划，并且把上课不迟到，从不旷课作为自己平时学习的基本要求，大一上学期制定的计划针对公共课，目标不只为考试及格而是考高分。或许是一直以来养成的好习惯，他总能认真地对待每一科的学习，认真的学习每一门课程，即使是考查课也从来不懈怠。在大一的学习中基本每科考试课都取得优秀的成绩。尤其是大一上学期会计基础较难，他每天都做一些习题来巩固基础，养成课前预习，课后复习的好习惯，最终会计基础取得优异的好成绩。对于比较难的大学英语教学，做到认真记好每一节课的笔记，然后认真地复习英语单词，巩固课后知识。在大一下学期，依旧坚持自己认真踏实的学习态度。对于大一下学期繁重的学习任务，他提前为自己制定了一份合理的学习计划。首先是针对四科考试课，他进行合理分类，把不同类型的科目合理划分。对于财会、高数等比较难的科目，在平时的学习中能及时提前做好预习，课后做好复习，及时做习题加以巩固知识。对于那些比较简单的科目他则在平时课上的学习中争取全部弄明白，为比较难的科目留出较充分的时间学习。他在学习中总是能够做到查漏补缺，针对自己的强项科目英语等加以稳固，每天抽出一定的时间背诵单词、练习口语等，同时也为英语三四级考试做准备，最终顺利通过了英语三四级考试。并且在大一下学期繁重的学业中均取得了比较满意的成绩。最终在大一的学习中取得了班级第一的优异成绩，还获得了国家奖学金、一等奖学金和三好学生等荣誉。在大二上学期的学习中他不仅合理安排自己的学习生活，在做好合理的计划之外，又积极参加各种学术竞赛，积极认真为竞赛做准备，最终在全国大学生英语竞赛中获得浙江省一等奖和浙江高职高专英语口语比赛一等奖的好成绩。

三、工作上勤勤恳恳

大一上学期，他凭借自己对学生工作的热心，积极竞选并成为班级的学习委员，并且关心班级每一位同学的学习，积极做好自己的本职工作。作为学习委员的他总是主动与班级的同学沟通，并且总是及时把各种学院、学校的通知发送给每一位同学。在平时的学习中，他认真了解大家的学习情况，积极帮助那些学习上遇到问题的同学。寝室里和室友一起交流和讨论，让每个人在学习上不落后、不放松、不颓废以及不堕落。作为班级的学习委员，他也经常帮助同学们学习上的困难，和同学分享学习的经验以及方法，和挂科的同学进行学习交流，经过一年的努力，班级全体在学习上取得了不错的成绩。在期末复习阶段，他能够担当重任，带领班级同学一起复习学过的知识重点，为大家讲解习题，关注到每一位同学的复习状态。最终在老师和各位班委的帮助下，金融 141 班同学期末取得了优异的成绩，并且班级同学在专业排名中均比较靠前，有较多同学获得奖学金等荣誉。

在大一上学期，他积极主动地参加每一次有意义的活动，认真地做好每一件事情。大一的生活是烦琐而忙碌的，他能够将紧张的时间安排地有条不紊，井井有条地做好每一件事。刚进入大学，面对频繁的活动，他能够乐观应对，积极参加学院、学校举办的各种活动，参加运动会等院级活动。为了提高自己的口语能力，在大一下学期就积极参加了学院承办的全国大学生英语竞赛。由于刚进入大一，所以对竞赛的相关知识不了解。但是他并没退缩，经常利用课余时间去图书馆看书学习，上网找相关资料以及进行对英语竞赛的全面了解，并且和指导老师一起准备比赛的方案。初赛积极准备各种专业资料进行笔试，进入复赛以后又积极网上寻找视频加强口语训练，他从不懈怠每一次实践的机会，认真记录每一次实践的表现和状态，演讲结束以后认真总结自己的发现和体会，各方面的努力提高了口语演讲能力。在大一上学期的学习中他不仅仅是合理安排自己的学习生活，为了进一步提高自己的工作能力，他积极竞选了校团委校友联络部的副部长的位置。在前期的部门宣传中，他积极地筹办社团活动，为部门建设出谋划策。在招新时能够大力宣传部门，为部门找到许多有志之士，并且在每一次的部门活动中他都能积极策划，力争将每一次活动办到最好。在大二上学期也参加了浙江省高职高专口语大赛非专业组的比赛，积极地准备答辩，寻找资料，最终取得了一等奖的好成绩，并且浙江金融职业学院两名参加本次非专业组的比赛的同学皆获得了一等奖。

四、生活上独立自信

在生活中，他总是很独立。刚进入大一，面对复杂的生活琐事，总能有条不紊地应对，并且能够自己动手处理好每一件事情。在生活中，他总能很好地协调自己和同学之间的关系。重视与同学之间的友谊，关心身边的每一位同学朋友，热情主动地与大家打成一片，和每一位同学都是很好的朋友。室友生病时他热心地照顾，为室友买药，无微不至。班级同学有需要的时候，他能及时伸出援手，从不推卸。平日里，善于发现同学的难处，并且总能及时妥善地给予同学帮助。无论是朋友在生活琐事的打扰还是学习上遇到的难题，大家都乐于向他求助，当然他也总是热心地给予大家帮助。

个人荣誉与获奖：

（1）2014—2015 学年荣获国家奖学金；

（2）2014—2015 学年荣获金融管理学院一等奖学金；

（3）2014—2015 学年荣获广发奖学金获得者；

（4）2014—2015 学年荣获金融管理学院"三好学生"；

（5）2015 年荣获全国大学生英语竞赛浙江省赛区一等奖；

（6）2015 年荣获浙江省高职高专口语竞赛一等奖；

（7）2015 年荣获全国大学生英语竞赛浙江金融职业学院赛区一等奖；

（8）2015 年荣获众诚杯大一组五笔单字第二名、文章第三名；

（9）2014 年荣获金融管理学院十佳运动员；

（10）2014 年荣获第十四届校田径运动会男子跳高第四名、男子 4×100 接力第一名；

（11）2014 年荣获新生杯口语竞赛一等奖；

（12）2014 年荣获新生军训优秀学员。

个人感言：大一的时候所获得的各项奖项，是对我这一学年努力的最好证明。我会继续加油，为自己争光，为老师争光，为金融管理学院争光！

第六节　学术之星：曹睿阳

曹睿阳，男，来自金融 141 班，在大学的学习生活中，他不断参加各项学校、学院的各项活动，最初在学长的推荐下参加这些比赛并不为获什么奖，而是为了在这些活动中提升自己。在这些活动中，他也认识了很多朋友，明白了很多道理，更丰富了学识，拓展了视野，是大学中令人回味无穷的一段经历。

一、辩论使他更自信

在大一的一年里，他积极参加校内外的各种活动，加强与他人的沟通交流，提升自己的文化素质和道德素养。先后获得金融管理学院"新兴力量"辩论赛的亚军以及优秀辩论团队的称号。在金融管理学院举办的职业生涯规划大赛中表现优异，获得老师同学的一致好评。在加入学院辩论队的一年里，先后获得十一届"新生杯"辩论赛冠军和十一届"金院杯"最佳辩手的称号。在这一年里，通过一系列的比赛，了解到许多在课本上学不到的知识，也增加了自己文字演讲能力，收获颇丰！

时间过得很快，转眼到了大二，他当选了 2015 届新生班主任助理，在新生军训期间，帮助新同学适应大学生活，共同成长，从中他也是第一次体会该如何带领一个班级。当然，在当得知他被选进浙江金融职业学院校辩论队——一个拥有着浙江省省赛三连冠的传统强队的时候，他是有多兴奋，但紧随而来的就是紧张的校外赛，在导师和队友的努力下，他们第一次代表专科院校击败本科院校，拿下下沙十四高校"文明杯"辩论赛亚军。此外，他通过社会实践来丰富自己的阅历。在 2015 年金融管理学院赴安徽黟县的支教旅程中，他真正体会了团队的重要性和来到一个陌生环境时，别人对你的每一点帮助都弥足珍贵。

回想已经过去的一年半，从大一一路走来，受了老师和学长们的很多照顾，还记得刚刚被选进学院辩论队，带着激动与忐忑的心情参加了第一次辩题讨论，什么都不懂，也是指导学长学姐细心的指导，从一开始的什么都不懂到现在成为学长学姐所希望的"独当一面"，在带领新一届的金融管理学院辩论队中，他也知道了张温靖学姐和星星学姐在每次讨论中所面临的压力。很幸运，新队员很努力，也让别人看到了你们的努力。恭喜你们，你们获得了十二届"新生杯"辩论赛的冠军，也让金融管理学院获得了两连冠的荣誉。其实，在每次讨论中，他总是谦虚地认为并没有给新队员很多指点，只会把他们的观点反复地驳掉，对于他们来说这个过程很痛苦，但他们都熬过来了。在接下来的"金院杯"中期待大家更优秀的表现！

二、朋辈互助，共同进步

金融管理学院有一个非常响亮的学生服务工作品牌——朋辈互助，转眼他成为新同学的学长，也成为朋辈互助育人的主体，在担任金融管理学院辩论队指导学长后，虽然自身不再参加很多活动，但转变成了对辩论的组织者、策划者，此刻，他更明白自己肩上的责任。他相信自己能在接下来的大学生活中继续做好自己、服务大家。他始终用热情、友好、仔细、进取、有责任心、耐心对人对待工作，也爱交友、爱辩论、爱一切新奇的事物。他是一个在生活中很好说话的人，不过对在乎的事情偶尔死脑筋也是不可避免的。

个人荣誉与获奖情况：

（1）2015年荣获杭州经济开发区下沙十四高校"文明杯"辩论赛亚军；

（2）2015年荣获浙江金融职业学院第九届"挑战杯"创业创新竞赛二等奖；

（3）2014年荣获浙江金融职业学院第十二届"新生杯"辩论赛冠军；

（4）2015年荣获浙江金融职业学院第十二届"金院杯"辩论赛最佳辩手；

（5）2014年荣获金融管理学院"新兴力量"辩论赛亚军；

（6）2014年荣获金融管理学院优秀辩论团队；

（7）2014年荣获浙江金融职业学院新生军训优秀学员；

（8）2015年荣获浙江金融职业学院首届团辅活动"最佳逐梦奖"；

（9）2015年荣获金融管理学院职业生涯规划大赛优胜奖；

（10）2015年荣获金融管理学院学生会优秀干事。

个人感言：人生就是在不断的建立与推翻中成长，最终趋于完整。

第七节　技能之星：叶嘉威

叶嘉威，男，汉族，农金142班，1995年4月出生，浙江绍兴人，预备党员。作为一名三校生，他自强不息。在这所注重技能的大学里，他不懈奋斗，坚持着对自己的技能精雕细琢，积极参加全国、银行业、学校的各类技能大赛，多次获得一等奖的成绩。在校期间，他不仅是一名技霸还是名副其实的学霸和优秀学生干部，连续三年智育和综测第一名，作为金融管理学院学生会副主席的他，工作认真负责，不怕吃苦，主动关心帮助同学和他人，热爱实践，多次利用寒暑期前往银行实习，连续 2 年主动向学院申请前往安徽参加大学生暑期"三下乡"社会实践，真正做到服务社会，服务群众，将社会主义核心价值观内化于心，外化于行。

一、以极致的态度追求工匠精神

他的书包中总是装着除了书之外的技能装备——键盘、"开塞露"（点钞油）、扎钞腰条、传票，每天一有空他就会前往学校技能实验室练习技能。至于他为什么如此痴迷于练习技能，他觉得"享受着技能在双手中升华的过程是快乐的！"

练技能是无比枯燥的，每天反反复复地做同一件事情，练技能也是辛苦的，有时扎钞条会一次又一次地把自己的手指割破。可即使这样，他也从来没有抱怨过，继续默默地奋斗着，碰到瓶颈期，他就更加积极地与老师和同学交流，从中学习提升技能的速度，注意整个动作的流畅，就在一次次的测试中，一次次的进步和成功他深深感受到技能成功带来的愉悦和开心。

对待技能热情的态度换来了他今天的成绩：多项技能中，最突出的是点钞，目前点钞单指单张达到了 10 分钟 28 把（校纪录 29 把），多指 10 分钟 40 把的水平。2015 年 9 月参加第一届"恒丰银行杯"比赛获得点钞单指单张第三名，2016 年 5 月参加第三届"江苏银行杯"业务技能联谊赛获得个人全能赛第一名，2016 年还代表学校前往西安参加全国大学生银行业务技能大赛并取得了综合业务点钞技能个人一等奖，团体一等奖，到大三上半学期为止，他已获得 40 多张技能类荣誉，这些荣誉的取得给了他继续向前冲刺的精神力量。

作为一名学院的技能尖子，他除了会积极地参加各类比赛之外，还会通过技能尖子班和参加金融管理学院朋辈互助育人项目的交流会，把他学习和练习技能的方法教给同学和学弟学妹，帮助他们练好技能，带动他们一起爱上技能。此外，在和学弟学妹们交流的时候，他会主动地把自己的联系方式留下，遇到一些比较腼腆的学弟学妹，他会通过 QQ 或微信帮助他们解决问题，有时当问题无法通过聊天解决，也会挤出自己的空余时间，亲身演示把方法教给他们。

"技能于我最大的收获，不是那些带着光环的奖项，而一种精神，一种习惯，那种想要把所有事都做好做出色习惯。同时，他还学会了如何在失败中汲取力量，然后，做更好的自己。"这也是他坚持练习技能带给自己的收获与感悟。

二、将工匠精神融入实践

社会和学校有很多方面不同，为了能让自己能尽早进入状态和适应环境，叶嘉威在校期间连续三年积极参加社会实践。在实习中，他注重理论联系实际，认真对待银行大堂经理的工作，热情、诚恳、耐心、准确地解答客户的业务咨询，主动向同事学习手语、柜面业务和填单，方便同事办理业务，通过每周周会领导总结，经常总结自己目前在工作上短板，并且让会做的事做得更精、更细。在安徽社会实践中，他通过开展对农村金融分析问卷调查、暑期留守儿童教育帮扶以及追忆战争岁月、缅怀革命烈士等一系列实践活动，充分了解该村有关革命历史、农村经济发展现状、基层教育现状等有关情况，同时还结合所学的专业知识，在当地和老师同学一起进行了反假币知识的宣传，帮助村民识别假币，在自身磨砺成长的同时，也在安徽展示了浙江金融职业学院学子的风采。

三、践行工匠精神 铸就职业梦想

除了技能水平突出，他还是一个名副其实的学霸，入学以来，他的学习和综测成绩一直名列班级和专业第一，两年半的刻苦学习结出学业的硕果，连续两次获得学校一等奖学金，获得2015—2016学年国家奖学金及"三好学生"等荣誉称号。因为技能成绩优异，他在2016年6月订单班面试中成功应聘到北京银行杭州分行综合柜员的岗位。在学弟学妹眼中，他业精于勤，乐于助人，为人谦逊，充满着正能量。

个人荣誉与获奖：

（1）2016年荣获全国大学生银行综合业务技能竞赛综合业务点钞技能个人一等奖；

（2）2016年荣获全国大学生银行综合业务技能竞赛团体一等奖；

（3）2016年荣获江苏银行杭州分行第三届"江苏银行杯"业务技能联谊赛个人全能赛第一名；

（4）2016年荣获恒丰银行杭州分行第一届恒丰银行杯业务技能联谊赛"单指单张点钞"第三名；

（5）2016年荣获国家奖学金；

（6）2016年荣获校一等奖学金；

（7）2017年3月荣获校一等奖学金；

（8）2016 年 11 月荣获校"三好学生"称号；

（9）2016 年 9 月荣获校"暑期社会实践先进个人"称号；

（10）2015 年 5 月荣获校"优秀团干部"称号；

（11）2015 年 5 月荣获校"优秀共青团员"称号。

个人感言：永怀工匠精神，做一名匠心金融人。

第八节 体育之星：余星星

余星星，男，汉族，来自农金 141 班，1993 年 2 月出生，2011 年 12 月—2013 年 11 月服役于北京总队特种作战大队"雪豹突击队"特战一队二班狙击班。2014 年 9 月至今，就读于浙江金融职业学院。

一、以铁的纪律执行教官使命

部队是个大熔炉，去到部队就是要去掉身上的"糟粕"，提炼更好的精华。而学校何尝不是一个小型社会。如今已经是入学的第四个学期了，在这段时间里他从一个与社会脱节的退役士兵转变成一个金融学子。在部队锻炼是他的体能，战斗技能以及服从命令遵守纪律的意识。在学校学习的是知识、文化、礼仪，以及各类的社会交际。他觉得他很幸运能够进入浙江金融职业学院的这个大家庭中，希望自己能够做一些力所能及的事情。

他担任过银行新员工的培训教官，当被问及年龄时，他永远告诉自己的学员自己 18 岁，因为他觉得 18 岁是最青春、最热情、最积极向上、最有活力的年龄。在培训期间，他严格要求自己的学员，他认为虽然他们已经离开校园步入社会，但心中的那一份敬畏之心却不能少，尤其是在银行这样高风险的职业中，如不怀有一个敬畏之心，很容易在各种利益面前迷惑而犯错。他的学员说："教官心狠，2015 年夏天的那场暴雨，他硬是让我们趟着 10 厘米高的水位去上课，一点没有商量的余地。但是平时又和我们很处得来，很多事情都为我们考虑，使我们在严格的自我管理中更好地学习金融知识。"

二、运动中绽放退役士兵大学生的风采

校十五届运动会和十五届冬季长跑的运动会中，他担任金融管理学院运动员

的教练一职。每天总是最早到达田径场，然后带领着金融系的运动健儿们慢跑、压腿，再一遍遍地为运动员们示范热身动作。然后针对每个人的比赛项目合理的安排他们做各种训练。训练时不断地纠正运动员的错误动作。每一个参训运动员的特点他基本都了解，从平时的训练到最后的比赛，他都守在田径场的终点分享大家那份挥洒汗水而取得的笑容。最后金融管理学院以集体总分第一的佳绩再次荣获冠军，成为名副其实的"六连冠"。体育是一种坚持不懈、永争第一的精神，他希望自己能够把这份精神传递开来，让更多的同学能够拥有这份精神去面对以后的学习和生活。

在参加十四届全运会的那段时间作为主力队员，每天积极带头训练，坚持跑完最后一米，严格地要求自己，每天都在田径场的跑道上挥洒自己的汗水。他从不说累也不觉得训练有多么辛苦，因为他一直信奉那句"最美好的永远在明天"，也是这句话使他当年在那魔鬼般的特战部队中一步步坚持下来成为一个优秀的狙击手。

在110米栏最后决赛的8位选手中，他的预赛成绩并不是最好的。一声枪响，他如风一样的蹿出跑在第二，紧紧地咬在第一名后面4米的位置，他当时并没有太多想法，只想超过第一，为学校取得第一名次，让浙江金融职业学院几个字能出现在最高的那阶领奖台上。时间以秒的单位计算，距离在一点点拉近，终于在第九个栏的位置他超过了第一名，并以15.31秒超过第二名0.3秒的成绩夺得第一名，使浙江金融职业学院的旗帜在最高的领奖台上挥舞。那一天下着雨并没有很多观众，也没有掌声雷动的场面，但他觉得自己尽了自己该出的那一份力。

三、以"更快、更高、更强"的奥运精神激励自己

现在每天去操场上跑几圈几乎成为他的"必修课"，甚至他从中找到了乐趣，觉得跑步是一件令人放松令人快乐的事。他还说过："做人跟运动一样，只要脚踏实地，胜利便会永远存在！就算失败了，至少自己的内心也已经得到极大的满足。"他在日积月累中，找到了人生这一闪光点，同时找到了足以让他享受快乐的地方，才会坚定地选择这个赛场，让自己的青春在运动中展现出无限的活力，给自己以及身边的人带来了极大的惊喜。

速度与温情并重，运动与品德兼修。此人个性阳光，积极向上。广泛的接触面，宽阔的心胸，丰富的爱好，善于人际交往，平易待人。同时他也是一名积极参加各项学生活动，乐于帮助同学的好青年。尽管上天特别地喜爱他，给了他令人羡慕的运动天赋，但他懂得生活对每个人都是公平的，即使有时候会得到上

天的一些眷顾，但是没有后天的努力，依然无法变为强者。因此运动作为他的代名词，每一次的运动比赛他都积极参加，用自己的努力与汗水赢得一场场比赛的胜利。他的成功秘诀便是恒心与努力兼修，乐观为他描绘了温馨的画作；暖心为他织出了幸福的成长大衣；汗水为他浇灌营养，助他茁壮成长。他阳光，向上，青春……

最美的永远是明天，每一个今天都是昨天的未来，每一个今天都是曾经被赋予美好希望的明天。他说在明天的日子里自己会更加努力学习、工作，更好地将体育精神融进今后的生活并和传递下去。因为十佳将是一个更高的起点。

个人荣誉与获奖：

（1）2015 年荣获浙江省第十四届大学生运动会田径比赛男子 110 米栏——冠军；

（2）2015 年荣获浙江省第十四届大学生运动会田径比赛中荣获"优秀运动员"称号；

（3）2014 年荣获浙江金融职业学院第十五届田径运动会 1500 米——冠军；

（4）2014 年荣获浙江金融职业学院第十五届田径运动会 4×100 米——团体冠军；

（5）2014 年荣获浙江金融职业学院第十五届田径运动会 4×400 米——团体冠军；

（6）2014 年浙江金融职业学院第十四届冬季长跑运动会男子 10×1200 米团队冠军；

（7）2015 年担任金融管理学院田径训练教官获得全院系集体总分第一的佳绩；

（8）2015 年荣获金融管理学院"阳光健将"称号；

（9）2015 年荣获浙江金融职业学院第十六届田径运动会中荣获"最佳运动员"称号；

（10）2015 年荣获浙江金融职业学院第十六届田径运动会荣获"三级运动员"称号；

（11）2015 年荣获浙江金融职业学院第十六届田径运动会三项全能——冠军；

（12）2015 年荣获浙江金融职业学院第十六届田径运动会 4×100 米——团体冠军；

（13）2015 年荣获浙江金融职业学院第十六届田径运动会 4×400 米——团体冠军；

（14）2015年度体育联赛系列比赛中荣获"联赛攀岩"团体项目——冠军；

（15）2015年带领团队参加浙江金融职业学院第十五届冬季长跑运动会男子团队冠军女子团队亚军，集体总分冠军。

个人感言：最美的永远是明天，每一个今天都是昨天的未来，每一个今天都是曾经被赋予美好希望的明天。在明天的日子里我会更加努力学习、工作，更好地将体育精神融进今后的生活中。因为十佳将是一个更高的起点。

第九节　文艺之星：龚佳晨

龚佳晨，女，来自金融管理与实务专业金融141班的学生，担任金融管理学院文艺部艺术团副团长一职，曾担任院学生会礼仪部干事、寝室长、班级课代表。

一、思想上严格要求自己

在浙江金融职业学院，她的大学足迹留在了这个美丽的校园，对于这个她生活了快两年的地方，充满了感激和热爱。她严格要求自己，这里打造了一个不一样的她，一个经过磨炼逐渐成熟、不断完善的她，一个勇于拼搏、甘于奉献的她，她学会：做人，要认真负责，光明磊落；做事，要讲求原则，公平周到。她努力利用各种平台与机会，争取自己成为优秀大学生，有针对性地制定开展提升自我的计划。

二、行动上积极践行

在校期间，凭借敢于尝试的性格，她不断学习新的知识，报考了自考工商大学专升本课程，并成功获取本科毕业证。除此之外，她也是学生会的一员，作为金融管理学院文艺部艺术团的团长，也要做好本职工作，将自己所学所得传授给自己的学弟学妹们。这都是她在大学收获的最宝贵的财富！在学校的时间毕竟是很少的，她也懂得，只是学习课本里的专业知识是不够的，因此，她找了很多拓展机会，如向其他本科学校的同学学习经验，每个周末去图书馆看相关专业和其他专业的书籍，积极地考证，不断地拓展知识面，注重全面发展。

在学校里她喜欢参加各种文艺晚会活动，特别是舞蹈。她喜欢舞蹈，所以她不断地去寻找锻炼自己的机会，过程很苦，但是坚持下来的结果却很美。

三、努力造就一个优秀的自我

在整个大学时光里，她充实而无悔。在学业上，充分利用自己的课堂和业余时间，不断地追求新知识；工作上，认真负责用心，尽职尽责；在生活中，充满热情，乐观派，积极地关心和帮助别人，这一年半来，她用青春、热情、汗水和心血在美丽的金院铸就一个全新的她，一个经过不断提高坚强勇敢的她，一个对未来充满希望的她。近两年的时间，她从未停止过前进的脚步，付出了不少，确实从中她也取得了一些来之不易的成绩，同时也获得了老师的肯定与同学的认可，感到非常的欣慰，在校学习的时间里她还将更加努力地朝着自己的目标执着前行！

四、学会感恩继续前行

刚来大学的时候她就觉得金融管理学院的朋辈互助项目不是一个笼统的概念，而是能够真真切切地给自己带来帮助的。最开始要感谢的是她的两位班助，他们对她一些疑惑悉心解答与对自己生活上和学习上的引导，都给予了她特别大的帮助，让她能以更快的速度适应大学生活、适应大学学习、适应大学学生工作。之后，金融系又举办了很多朋辈互助的讲座，老师们和学长们围绕她们新生最关心的话题，结合亲身经历与自身感悟就大学的学习、生活与工作进行精彩宣讲，从专业的视角来谈专业学习的基本方法以及如何使自己的大学不平凡，如何让自己的大学生活丰富多彩。到了大二，她非常有幸地成为新生班助的一员，她对于一代人传递给一代人的那种精神理念有了更深的认识。将自身的经验感悟分享给学弟学妹们，这是多开心的一件事，传承的是热情传承的是特色传承的更是金融系这个大家庭代代相传的温暖！感谢金融系，由衷地感谢！

个人荣誉与获奖情况：

（1）2015年9月21日浙江省衢州市"又一喜公司形象代言人"；

（2）2016年10月28日金融管理学院校运动会广播操最佳领操员；

（3）2016年担任金融管理学院15届新生班助；

（4）2015年12月赴北京财贸职业学院作为交换生交流学习；

（5）2015年4月金融管理学院第二届魅力女生荣获"最佳才艺奖"；

（6）2015年5月金融管理学院银雁班荣获"优秀成员"称号；

（7）2015年7月金融管理学院暑期社会实践安徽支教荣获"优秀成员"；

（8）2014年11月校运动会啦啦操一等奖；

（9）2016年金融管理学院"文明寝室"寝室长；

（10）2014年11月金融管理学院趣味运动会绑腿跑团体第一；

（11）2015年计算机考试等级一级；英语等级三级。

个人感言：说得再好不如干一件实事。

第十节　实践之星：郑伟杰

郑伟杰，男，汉族，党员，1994年7月出生。2011年12月—2013年12月于武警北京北队服役，后就读于浙江金融职业学院农金141班，曾任金融管理学院学生会副主席一职。

一、勤学苦练争优秀

大学生活已经进入了第四个学期，在这近两年时间里，他从一名退役士兵转换成了一名在校大学生，通过在学校里的学习与锻炼，让他拓宽了视野，做事更加全面，对待生活他是个充满阳光与微笑的人，遇到困难挫折都当作是丰富人生经历的机会；而对待学习他是个认真刻苦的人，他对大学两个字的理解是更加广泛更加全面地去学习，不仅是停留在专业的知识书本上，更是要付诸实践。因为他始终坚信理论是实践的基础，实践是理论的检验。

书本上的学习是贯穿大学三年最重要的事，读万卷书才有能力去行万里路，作为一名退伍兵，他深知自己在学习这一方面落后于同班同学，在学习方法上也有很多不足，但是在他不懂不会的时候老师同学们都非常热情地帮助他。正是这些帮助与他的坚持不懈，让他在大一学年中荣获班级智育排名第六、综测第二的好成绩，并获得了校银星奖学金，所以他很感谢给予他帮助的同学和老师。他也相当重视技能，在这方面他苦练技能，和大家一样从零基础开始，每天他会与室友一起练习并相互之间比赛，俗话说"有竞争才会有动力"。在大一担任班长期间他也多次组织开展技能小测试活动，把"比学赶帮超"的学习技能氛围带动到整个班级，正是这样使班级整体的成绩从第一次系团体赛的第六到后来一直稳居前三，他个人也以全优的成绩通过了技能鉴定，并成为学院技能尖子班的成员及学院百名技能尖子之一。

在学习之余他积极参加各种学校、学院的活动，任院国旗班班长时在每次的大小升旗仪式中他尽力保证升旗的质量及标准；任系银雁班班长时与同学之间更是相互配合，完成学业，坚持每周五晨跑，在课下组织素质拓展活动，让大家玩得尽兴更在游戏的过程中建立了深厚的友谊及团队的合作能力；任班长一职时，带头进行早晨即兴演讲，让每一名同学都有机会上台表现，提升表达能力，为以后的面试打下基础；担任新生教官时，他严于律己做好榜样，并严格训练连队，在一个月的训练后他荣获"优秀教官"称号；他多次参加毅行活动，当然也参加了 G20 峰会的毅行并获得了"毅行英雄"的称号……

二、热心社会公益显军人本色

他热衷于参加各种实践活动，让他记忆犹新的是在 2015 年的暑假，他有幸担任金融管理学院赴安徽黟县暑期社会实践分队的队长一职去当地支教，当听到自己要去社会实践时他是十分激动的，因为他不仅可以去见识到除学校外的地方，更是可以发挥大学生的知识能力去帮助需要帮助的人，同时当知道自己要当队长时他心里又是多了一份的紧张和压力，因为尽管平时在学校里有过管理的经验，可毕竟是要去到一个人生地不熟的地方，而且不但要保证任务的高质量完成，更要确保大家的安全，与此同时还想将金融管理学院的风采展现给当地人们看以不枉费他们漫漫长路的车程。那次他们要去实践的地方深处大山，刚到时他们迎来了一个坏消息：没有宿舍楼，他们将以教室为家，当时的他们坐了很久的车已经累得很，这样的消息让他们很害怕。可是当时他们没人哭泣更没人放弃这即将为期一周的实践……后来在每天的实践中他们亲身体会并慢慢摸索，他们深知一个团体想要完成好任务就必须要有完整实际性的方案计划，所以每天晚上她们都进行总结会议。尽管当时虫儿飞蚊子叫，他在与各组长以及队员间进行工作商讨后听到了许多对于实践的良好提议，也让队员们认识自己当天的不足及优点，并结合头一天的情况提出第二天具体实施任务及改进方法。在总结会结束之后，他还会继续与组长们单独留下来商讨第二天详细的分工情况，那时的他们不管夜多深，只知道那种宁静得来不易。每天早晨迎着还未初升的太阳全队集合围绕着大山进行 5000 米的长跑，每个队员都尽力坚持，也会相互鼓励，整个团队的凝聚力也由此得到升华。

他们的一日三餐需要自己动手"自己动手丰衣足食"，所以每天的厨房是有值班的，然后这渐渐成为一个展示厨艺的平台。饭桌上的情谊更是不同，他们也积极响应了光盘行动的号召，坚持"吃多少打多少、不浪费"的原则。接下来是洗漱，由于洗漱的条件不是特别好，队里的男生们担起了打水的责任，那一刻的场景让他不禁想一句话"你有难我支援",有些感情你不实践你就不会得到。而支教过程中,他也是一名老师,他用自己在部队的经验开起了小小军营的课堂,这也受到了小朋友的喜欢,从小朋友的眼睛里她看到他们对新知识的渴望,对外面世界的向往,这让他想尽自己最大的能力把她的知识都传输给他们,有一种爱叫分享。通过这一次的实践活动,让他们原本相识的、不相识的同学之间关系都变得更加亲密了,一起度过的七天七夜,没有舒适环境的七天,没有懒觉的七天,没有……但却把整个团队的良好形象和声誉留在了安徽黟县,那短暂的七天成为了每个人长长的回忆,也是日后工作学习中一个非常好的成长经历。

在过去的大学生活中,他取得过一些成绩,他相信这是学院对她工作能力的一种肯定,同时也是对他成长道路上的一种鞭策,他不将过去的成绩举过头顶而是踩在脚底用来辅垫以此来走更远的路,他也能将继续用阳光与微笑迎接每个明天。

个人获奖与荣誉:

(1)浙江省2015年大中学生暑期社会实践活动"省级先进个人";

(2)杭州市喜迎G20-2015年杭州毅行大会下沙分会场"毅行英雄";

(3)浙江金融职业学院2015年暑期社会实践"先进个人";

(4)浙江金融职业学院2014—2015年"优秀学生干部";

(5)浙江金融职业学院2014—2015年"三好学生";

(6)浙江金融职业学院2014—2015年"银星奖学金";

(7)浙江金融职业学院2014—2015年"一等奖学金";

(8)浙江金融职业学院2015年"优秀教官"称号;

(9)浙江金融职业学院2015年"我在两万五千里长征路上回忆"比赛"团体一等奖";

(10)浙江金融职业学院2015年第十六届田径运动会广播操比赛"团体第一名";

(11)浙江金融职业学院2015年爱生节演讲比赛"二等奖";

(12)浙江金融职业学院2014年军事教育协会野外素质拓展"优秀个人";

(13)金融管理学院2015年暑期社会实践"实践模范"称号;

(14)金融管理学院千日成长2014年评为"第八届我最喜爱的团学骨干";

(15)金融管理学院2014—2015年"优秀学生干部";

(16)金融管理学院2015年首届班级文化节暨第三届班长说班情PPT演讲比赛"特等奖";

（17）金融管理学院 2015 年感恩文化周活动"优秀志愿者"；

（18）金融管理学院 2015 年第四期银雁班培训"优秀学员"。

个人感言：人生的路上总是充满了机遇与挑战，只有脚踏实地地去走，并且对待生活有阳光与微笑，相信会有更美的彩虹。

第八章
2017年金融管理学院十佳大学生

　　2017年金融管理学院通过各班的筛选，学院团总支的初步审核、现场答辩及党总支的最后审定、公示，确定陈爱娜、李镇旭、孙钰、周德祥、徐佳雯、陈鹏、陆逸扬、王文锦、许家齐为学院十佳大学生，其中许家齐、王文锦被评为学校的实践之星、文艺之星，李军、陆逸扬分获学校技能之星、体育之星提名奖，具体事迹材料如下。

第一节　诚信之星：陈爱娜

　　陈爱娜，女，来自金融159班，学院学生会副主席，作为新时代的大学生，她努力拼搏进取、积极向上，追求德、智、体全面发展。自2015年入学到现在，在这近两年的时间里，她时刻以一名优秀大学生的标准严格要求自己，并在思想、学习、工作等各方面都取得了巨大的进步。

一、思想上进步

　　作为一名大学生，她深知思想对一个人发展的重要性。2015年9月，初入大学，她便向党组织提交了入党申请书，并不断学习党的思想纲领，认真学习马克思列宁主义、毛泽东思想和中国特色社会主义理论体系，坚持科学的发展观。在大一时，她有幸成为一名入党积极分子，并参加业余党校培训，系统地学习了党的思想纲领以及入党程序条件等。在平时的日常生活中，她坚持党的理论的学习，关注一些社会问题，并且与同学一起探讨学习，积极向一些先进人物学习，不断丰富自己的理论知识，也提高自己的思想觉悟。以上这些都让她在思想上得到升华，也坚定了目标，积极向党组织靠拢。在加入共产党这条光荣的道路上，她时刻坚持以一名党员的标准严格要求自己，与党保持一致，努力在思想上、行动上为同学们做好榜样。

二、学习上努力

学习上，她适应了大学的学习方式，在课下做好预习，上课认真听讲，做好课堂笔记。此外，对于目前这份她所喜欢的专业，这让她有更大的兴趣去钻研，学习相关的知识，在平日里得以运用。在大一的一年里，作为班委的她用热情支配自己努力去工作、学习，做到学习和工作两不误。在各科的学习中都取得了优异的成绩，智育综测均位列班级第一，也荣幸地获得校级三等奖学金。此外，她努力提高自己在计算机和英语方面的能力，取得多项等级资格证书。在学习上她还很乐意帮助同学，有不会的问题也和同学们讨论，团结同学。作为金融学子，她深知技能的重要性，因此，充分利用时间练习三项技能，为今后走向工作岗位打下坚实的基础。

三、工作上积极

她性格活泼开朗，爱好广泛，做事认真踏实，责任心强。目前担任学院学生会常务副主席，积极组织开展了各项活动。是每一份工作的历练更好地培养了她处事的"细心""耐心""责任心"，同时也给予了她较强的大局观和集体感。班长一职更是让她有机会为班级做事，在同学中树立了较高的威信。她努力从小事做起，在各方面真正提高自己。在组织参加学校各项活动时，她都积极鼓励同学们参加，同时自己也做好榜样，带头积极参加活动。在校期间，她团结同学，协调好其他班委，共同为班里服务。在课余，她也会定期组织开展一些活动，让同学们更好地交流，增强了班级凝聚力。

四、生活上乐观

生活中她乐于助人，真诚待人，和同学们的关系好，当同学们遇到困难时，她也很乐意伸手帮助。虚心，坚持，学会适应，也是一直以来她严格要求自己的标准。无论是学习、工作还是交际，她都尽量地做好自己的本分。在班内她会经常帮助同学解决疑难，并把她在各方面所学到的经验跟他们分享，也带动了同学们之间的良性沟通交流，做好团员的模范作用。在思想上她积极要求进步，保持着较高的思想觉悟，严格要求自己，树立了良好的人生观和道德观；永远保持与时俱进，坚持四项基本原则，正确贯彻党的方针政策，时刻关注党和国家的发展形势，以及国内外的局势变化。并准备立志早日转为中国共产党正式党员，为社会奉献自己的微薄之力。进入大学，除了学习，还学习懂得生活。朴素节俭、性格开朗，严以律己宽以待人，这就是她的生活态度。在宏志班，她享受着阳光，沐浴着关爱，感受着温馨，品尝着幸福。但她深知还有很多同龄人因家庭贫困上不起学。于是她积极参加各项捐助、捐款活动，希望能尽自己最大的力量去帮助贫困灾区人民。她认为或许她的微薄之力不能彻底解决问题，但对她而言，是一种来自生活磨砺的体味和良知。

不论是在学习、工作，还是生活上，她都曾遇到过很多困难。但面对一次次的考验，她从未低头，因为她深知这一切都是来之不易，包涵了太多的付出与坚持。所以她加倍珍惜这难得的学习机会，一直坚持不懈，努力奋斗，决心用自己的成绩来回报社会并走出自己的一片天空。

个人荣誉与获奖情况：

（1）2015年荣获校第十二届"新生杯"演讲大赛优胜奖；

（2）2015年荣获金融管理学院"回望历史，展望未来"PPT演讲大赛一等奖；

（3）2016年荣获金融管理学院第四届"体验军旅，感恩军训"手抄报二等奖；

（4）2016年荣获金融管理学院"翰墨飘香，笔写青山"书画大赛优胜奖；

（5）2016年荣获浙江金融职业学院"优秀共青团员"称号；

（6）2016年荣获金融管理学院"班长说班情PPT演讲大赛"二等奖；

（7）2016年荣获金融管理学院团总支干事技能大赛二等奖；

（8）2016年荣获金融管理学院"六个千万"朗诵比赛"最佳风采奖"；

（9）2016年荣获金融管理学院"我最喜爱的团学骨干"称号；

（10）2016年荣获金融管理学院团总支"优秀干事"称号；

（11）2016年荣获金融管理学院第五期银雁班"优秀学员"称号；

（12）2015年荣获校第十七届田径运动会广播操比赛第一名；

（13）2016年荣获"农业发展银行杯"大学生暑期社会实践有奖征文三等奖；

（14）2015—2016学年校内三等奖奖学金；

（15）2016年荣获校"讲述党的好故事，吟诵党的好诗歌"大赛一等奖；

（16）2016年荣获浙江金融职业学院2016年暑期社会实践"先进个人"称号；

（17）2016年荣获浙江金融职业学院2016年暑期社会实践"优秀团队"称号；

（18）2016年荣获浙江金融职业学院朗诵团"优秀学员"称号。

个人感言：感谢浙金院的好时光记录了我的成长足迹，打造了一个不一样的我：一个通过磨炼逐渐成熟、不断完善的我；一个勇于拼搏，甘于奉献的我；一个永不言弃，自信满满的我！

第二节　自强之星：李镇旭

李镇旭，男，来自金融151班，2015年9月入校，加入金融管理学院的大家庭，在这个大家庭里，他感受许多老师与学生的关爱，平等与友善。很多人来自五湖四海，从单纯的学习到进入这个小小的社会里，外界的一切都会对他或她产生重大的影响，就像一个外地人，初来乍到，什么都不懂，什么都不会，要靠老师给他启蒙，学校领导的鼓励、和蔼给了他自信与勇气。

一、朋辈互助引领下提高思想认识

到大学来做什么，想学习什么，如何使自己的大学生活过得充实，需要每个人自己思考，每个人也是带着梦想而来，努力想学自己想学的，去尝试自己想尝试的，凡事预则立，一开始每个人为自己制订了一份学业生涯规划。进入金融管理学院后，每个人在朋辈互助育人——学长的指导下，参加了一系列学院举办的朋辈互助育人活动，从学长身上学到了许多，更清楚了自己在大学怎么做会更好一些，提高了自己的思想认识。

二、在实践中磨砺自己，做到知行合一

大学是个大炼炉，在这里，每个人可以成为自己想成为的样子，但是，诱惑也会特别的多，也会让每个人成为自己讨厌的样子，很多人在大学这个宝贵的时间里浪费了自己的生命，等到从大学走出去的时候，后悔却晚了。曾有他的室友问他：镇旭，你每天起那么早，睡那么迟，参加那么多活动，去又苦又累的学生会有什么意思？他认为，每个人的出身不一样，但在机会面前一切都是平等的，现在的努力只是为了当自己的机会来临时，就有足够的能力和魄力去抓住它。他说："我是从农村出来，我的身上肩负了更多"。说得沉重一点，那是整个家族的

未来，他的家里不富裕，他从小就懂得节俭，不是逼得没办法是从来不会问家里要一分钱的，他宁愿大学课余打工也不愿意向父母开口，因为他理解贫穷的滋味，也懂得美好生活是来之不易的，老师的关怀，国家的助学贷款，他不敢有丝毫懈怠，只有努力一点点去改变自己：害怕什么，就直面什么，不敢当众讲话，于是他抓住一切机会去展示自己，从上台结结巴巴，到最后只要参加活动都能赢取荣誉，这是一个痛苦的过程，是一个艰难的过程，但是慢慢地，他做到了。到现在，他依然感谢在大学拼命努力的自己。大学有很多组成，学生会更是一个大学生生活最重要的一部分，没有加入学生会的大学生，大学是不圆满的。因为从小对志愿者的热爱，他加入青年志愿者中心，在青年志愿者中心，更加增强了他的责任意识和奉献意识。在志愿者中心时，他又加入了金融读书会，只为了让自己充实起来，并且在大二当上了会长，在读书会期间，他还记得在凌晨做微信公众号的日子，还记得对接活动一遍遍地修改策划书。但是念念不忘必有回响，一年的时间将读书会规模扩大了一半，并且举办了校级的外汇交易大赛，并得到领导老师的一致好评。正是这些平台和机遇，他有了很大的改变，变得自信，阳光。大学有很多很多的经历，但他最想说的是：明白你想要的，明白什么是对的，那就努力去改变，去尝试着做，可能路上会孤独，但是，总有一天，回头看，你会发现你的不一样。

三、学会感恩

他始终觉得自己进入金融管理学院是非常幸运的，碰到了好的老师，也遇上了可亲的学长，还有一起努力前行的同学，自己的成长离不开老师们的教育、引导、帮助与鼓励，对学校老师、学长、同学的感恩他深深记在心里，没有你们的帮助，他不可能坚持读完大学，他也会继续努力，将爱传递，做一个无愧于社会和国家的人，努力成为一名让母校骄傲的优秀校友！

个人荣誉和获奖情况：

（1）荣获 2016 "农业发展杯" 大学生暑期社会实践有奖征文三等奖；

（2）2016 年担任金融管理学院 2016 级学生班主任助理；

（3）2015—2016 学年获浙江金融职业学院三等奖学金；

（4）2015—2016 学年取得金融管理学院第五期银雁班结业证书；

（5）取得 2015—2016 学年浙江金融职业学院学生社团联合会骨干培训结业证书；

（6）2017 年获获金融管理学院外汇交易大赛三等奖；

（7）2015—2016学年荣获金融管理学院"我最喜爱的团学骨干"称号；

（8）2016年获浙江金融职业学院明理学院"30s正能量视频制作"一等奖；

（9）2016年获浙江金融职业学院第八届"信泰杯"职场技能大赛现象分享组三等奖；

（10）2016年获浙江金融职业学院文明之声、语话青春第三节主持人大赛"舞台魅力奖"；

（11）2017浙江金融职业学院学生会"生动金院扬帆远航"主题演讲比赛二等奖；

（12）2017年5月获学院班级"职业生涯规划PPT演讲比赛"一等奖；

（13）2015年8月获浙江金融职业学院金融票据讲解员第二名；

（14）2016—2017学年获学院"六个千万"诵读人生、传承经典朗诵比赛最佳风采奖。

个人感言：自己不倒，啥都能过去；自己倒了，谁也扶不起你。

第三节　公益之星：孙钰

孙钰，1996年11月出生，于2015年9月进入浙江金融职业学院开始大学生活。初入大学，就成为金融管理学院青年志愿者中心的干事，目前担任金融管理学院青年志愿者中心副主任一职。入学的这一年半以来，她在思想、学习、生活、工作等方面取得了较大的进展。

一、思想方面

她热爱祖国，拥护中国共产党的领导，诚实守信，严格遵守学院各项规章制度。2016年10月，她成为金融管理学院第42期入党积极分子，作为一名入党积极分子，她积极参加学院的各项活动，使自己得到锻炼，理论上有了较大提高，思想认识上有了很大的提升，更加坚定了对中国共产党的信仰。

二、学习方面

她认真听课，用心做好课堂记录，较高质量地完成所有作业，虚心向老师、同学请教，每一次综测都名列班级前茅，在过去的这一年里，她获得了校"三等奖学金""优秀志愿者""十佳志愿者""优秀干事""文明寝室"等多项荣誉称号。

三、参加活动方面

在大一下学期,她参加了金融管理学院第五期银雁班之学生干部培训,成为第六组的一员,锻炼的同时使她更加明白了团队的力量,也认识了更多优秀的同学,这也为之后她的成长提供了经验,使她更加成熟,变得更加优秀。

在暑假,她们自发组织了去安徽休宁进行为期一周的社会实践之承梦支教活动。因为人数有限,所以每个人都要做后勤,调研,支教等。她很感恩这次社会实践,因为这次支教,去了以前不可能去的山区,做了不一样的事情,收获了很多感动与温情。短短一周,她与那里的人结下了深厚的感情。这是她第一次当老师,也是第一次大学社会实践,这次的社会实践学到了很多课本上学不到的东西,她时刻提醒自己端正态度,努力使自己保持一种积极向上的心态。她始终坚信:所有的遇见都是命中注定;所有的经历都有它存在的意义,用心感恩所有!

四、生活方面

她不与别人攀比吃穿,不铺张浪费,寒暑假也会兼职打工,自己去超市做导购;去羊毛衫厂做手工;去服装厂做包装。这些经历都充实了她,让自己提前体验到了工作的不易,相信这些也会为她以后进入社会工作打下良好的基础!

五、工作方面

从大一的干事到现在的学生干部,她始终全身心地投入到每一份工作中。在大一的一年里,作为一名干事,她努力做好部长、老师交代下来的工作,积极参加各种志愿活动,所以也获得了"优秀志愿者""优秀干事""十佳志愿者"等荣誉称号!大一这一年的干事经历,锻炼了她做事的能力,与人沟通的能力,也为后来的学生干部打下了基础。大二的她,担任了青年志愿者中心的副主任,与主任一起组织策划了诸多活动,这更加锻炼了她自己。每一次的活动看似简单,但在组织策划时遇到的困难,付出的时间精力也是别人不知道的。因此每次组织策划活动都是一次锻炼的机会,也正是这些活动让她看到自己的不足,然后一次一次地去弥补自己的不足,是这些经历让她成就了现在的自己。志愿者的经历,让她明白了奉献的快乐,别人一句谢谢的满足,自己会继续坚持志愿行动,感受志愿魅力!

在2016年9月,她有幸成为辅导员助理,协助辅导员老师开展16级新生工作。这次辅导员助理工作，通过朋辈互助活动让她成长很多，自己跟老师接触不再像之前那么腼腆；其次自己做了很多没有做过的文书工作，让自己有了一个新技能；而且自己又多认识了一群十分优秀的朋友，一起开展新生工作。

她说，感谢所有的遇见，感恩所有的经历，每一件事都有它存在的意义！在大学这一年半的时间里，她十分幸运地遇见了那么多良师益友。那么多的锻炼，让她长成了现在这个自己喜欢的样子。接下来，她会继续努力，不管是学习成绩、生活状态、学生干部工作都会以百分百的热情去对待。投身公益，快乐奉献，不骄不躁，努力生活！

个人荣誉与获奖情况：

（1）2015—2016 学年荣获浙江金融职业学院校三等奖学金；

（2）2015—2016 学年荣获浙江金融职业学院文明寝室；

（3）2015 年 11 月荣获金融管理学院"十佳志愿者"；

（4）2016 年 04 月荣获金融管理学院"优秀志愿者"；

（5）2015—2016 学年荣获金融管理学院"优秀干事"；

（6）2016 年 09 月获聘金融管理学院辅导员助理；

（7）2015 年 12 月荣获浙江金融职业学院"越青春，越闪耀"学生主题活动"三等奖"；

（8）2016 年 09 月取得浙江省计算机一级；

（9）2016 年 09 月取得浙江省英语三级。

个人感言：不骄不躁，努力生活；投身公益，快乐奉献；志愿行动，我们一直在路上！

第四节　服务之星：周德祥

周德祥，男，1997 年 10 月出生，汉族，浙江温州人，团员，金融 153 班学生，曾任团支部书记，金融管理学院学生会副主席。

在进入浙江金融职业学院后，他始终保持着积极向上的心态，妥善处理好学习和工作两者之间的关系，努力做到全面发展。作为祖国未来的接班人，他从各方面严格要求自己，努力提高个人素质，面对即将走出社会的人生之路，他积极地勇往直前。他的座右铭是"你正如你所想"。

2015 年 9 月,很幸运来到了浙江金融职业学院,在军训期间担任了班级的军训联络人,认真负责军训期间的事物,严格要求自己,最终获得了"优秀学员"的称号;2015 年 10 月,担任金融管理学院金融 153 班团支书一职,所在团支部获得院"优秀团支部""先进班级"称号;2016 年 7 月,担任浙江金融职业学院金鹰班暑期生存实践队长,所在团队获得"优秀团队"称号;同时参与了金融管理学院"心行动、心交流"赴温州实践小分队,担任队长;2016 年 9 月,担任金融 161 班班主任助理;2016 年 10 月至今,担任金融管理学院学生会副主席。

个人曾获得浙江金融职业学院第十届国际商务礼仪大赛"十佳新秀"称号、浙江金融职业学院 2015—2016 学年优秀团干部、浙江金融职业学院 2016 年寒假社会实践"先进个人"称号、金融管理学院第三届团支书说团情"特等奖"、金融管理学院 2015 年"我最喜爱团学骨干"称号、金融管理学院第五期银雁班"优秀学员"等各项荣誉称号。

一、在社会实践中践行服务精神

2016 年 9 月的暑假,因为院校的暑期社会实践名额有限,但是班级同学非常希望能够有本次实践和服务的机会,所以在他参加完学院金鹰班暑期生存实践之后,在学院领导的支持下,老师的鼓励下,由金融 153 班同学组成的"心行动、心交流"赴温州暑期社会实践小分队正式成立了。

在这次暑期社会实践中,他们主要针对低年级段的小学生,目的就是希望能够在暑假的前期,教会小学生如何防止意外事件的发生,当遇到危险时,应该如何去正确面对并解决。此外,也希望能够在他们遇到不会的作业的时候,去帮助他们。他们的服务对象从学校走向了社会,从身边的同学走向了需要他们帮助的人。走进学校去教导学生如何学习,走出学校教导老人们该如何去识别假币。

十年前,在这里他接受许多来自别人的帮助,他参加了当时的暑期社会实践,他是其中的一个学生。十年后,在这里他成为一名老师,去帮助需要帮助的同学,这正是金融管理学院的"朋辈互助"。

二、在学生会工作践行服务精神

2016 年 11 月,他很荣幸能够成为金融管理学院的一名团学委员,担任金融管理学院学生会副主席一职,分管文艺部、艺术团、礼仪队。主要负责院部的文艺晚会以及艺术团的管理工作。在第一学年中,主要举办了 MY SHOW 才艺大赛、首届金院好舞蹈大赛、金融管理学院元旦晚会。从初赛到复赛,从节目的筛选到演出，从舞台的布置、灯光的调节、音效的控制，自己尝试着不同的工作，从中也感受到了许多，每一场的晚会都是经过长时间的付出才能够得到的，真正地明白了"台上一分钟，台下十年功"这句话的含义。而自己每一次的目标都只有一个，就是希望能够不出错地把这场晚会的效果达到最佳，不让每一位同学失望，不让每一位老师失望。

"虚心，坚持，学会适应"，这是父亲常挂在嘴边的叮嘱，也是他一直以此严格要求自己的标准。无论是学习、工作还是交际，他都尽量地做好自己的本分。他在班内经常帮助同学解决疑难，并把他在各方面所学到的经验跟大家分享，也带动了同学们之间的良性沟通交流，做好模范作用。不管是担任金融管理学院学生会副主席，还是担任班级团支书期间：始终以"从我做起，服务同学"为宗旨，真正做到为同学服务，代表同学们行使权益，积极参与院校的各项活动。在工作中，他敢于接受任务敢于承担责任，组织同学积极参加各类活动，踏实肯干，得到同学们的拥护，能够做好老师的助手，能为同学服务，他也积极参加团组织的活动，并且在学习上、生活上，以身作则，树立好榜样。参加学生会工作、班集体工作，使他锻炼了组织能力、策划能力、交际能力，也培养了他不断向困难挑战的精神，更为重要的是让他明白怎样在一个团队中通过协作获得成功。

三、心怀梦想，继续前行

在取得各方面成绩的同时，他也谨记"没有最好，只有更好！"进入浙金院金融管理学院，是他人生中一个极为重要的阶段。在这两年中，他在各个方面都取得了很大的进步，综合素质得到了很大的提高。他感谢院校领导以及辅导员班主任的大力培养。他说，今后他要更加严格要求自己，以求有更好的表现。"路漫漫其修远兮，吾将上下而求索"。在未来的生活中，他将以百倍的信心和万分的努力去迎接更大的挑战，用辛勤的汗水和默默地耕耘谱写美好的明天！他会更加努力，脚踏实地走好人生的每一步，以更昂扬的姿态迎接每一次挑战，抓住每一次机遇，描绘属于自己的绚丽蓝图！也会以实际行动来证明他自己，不辜负组织和老师同学对他的期望。

个人荣誉与获奖：

（1）2015—2016学年荣获浙江金融职业学院三等奖学金；

（2）荣获浙江金融职业学院2015级军训"优秀学员"；

（3）2016年荣获浙江金融职业学院第十届国际商务礼仪大赛"百礼挑一"十佳新秀大赛冠军；

（4）2015—2016学年荣获浙江金融职业学院"优秀团干部"称号；

（5）荣获浙江金融职业学院2016年寒假社会实践"先进个人"称号；

（6）2016年荣获浙江金融职业学院"讲述党的好故事，吟诵党的好诗歌"比赛三等奖；

（7）2016年荣获浙江金融职业学院"金鹰班"暑期生存实践"优秀团队"；

（8）2016年荣获金融管理学院第三届团支书说团情"特等奖"；

（9）金融管理学院2015年"我最喜爱团学骨干"；

（10）2016年荣获金融管理学院第五期"银雁班优秀学员"；

（11）2016年荣获金融管理学院"六个千万"之"诵读人生，传承经典"朗诵比赛一等奖；

（12）2016年荣获金融管理学院"青春正当时，规划在路上"职业规划大赛二等奖；

（13）2016年荣获金融管理学院明理课程PPT演讲大赛二等奖。

个人感言："你，正如你所想。"相信自己，努力朝着自己的目标去奋斗。

第五节　学习之星：徐佳雯

徐佳雯，女，汉族，浙江金融职业学院金融管理学院金融159班学生。任班级团支书一职、在学院学生会当任年管主任一职。她热情开朗，学习刻苦并且希望能够凭借自己的力量帮助到每一个人。接下来她将从思想、学习、实践这三方面来讲述自己的成长经历。

一、思想篇——修身结行，言必由绳墨

她在大一军训期间就向党组织递交了入党申请书。从思想上、政治上、行动上积极向党组织靠拢，思想品德端正、崇尚科学、自觉遵守各种法律法规，遵守学院的各项规章制度，处处为同学着想，在各方面起到了模范带头作用。她参加过党校培训，认真地学习了各种政治理论知识，在思想上有了质的飞跃，并通过了党课考试。大一下学期她很荣幸地成为一名入党积极分子，她深知自己身上还有很多不足，但他会更加努力，更加刻苦，争取早日成为一名优秀的党员。

二、学习篇——博学而笃志，切问而近思

在学习上，她也丝毫没有放松，在大———学年里，除参加各类活动外，在学习上她也没有耽搁。上课认真听讲只是她学习的一部分，在课后她还经常复习巩固，利用空余时间练练技能。她一直认为，作为一名大学生，学习才是最重要的，她说要以优秀的成绩回报父母和老师。所以她的各项成绩都不错，在大一学年获得了院一等奖学金，三好学生称号并同时获得了国家奖学金。在学习本专业的同时，她也意识到新时代的大学生只掌握一门专业是不够的，因此她利用课余时间学习会计、证券、计算机等方面的知识。已经拿到了会计从业资格证和计算机一级证书，准备考取证券从业资格证、基金从业资格证等。

三、实践篇——耳闻之不如目见之，目见之不如足践之

自从2015年9月12日，踏入浙江金融职业学院的大门，她就爱上了这个校园。在过去的一年，她积极地投入到大学生活中，争做一名优秀的大学生。在军训初，她勇敢地走上台并凭借自身的热情开朗和乐于助人，成功当选了班里的军训联络员。军训结束后，她又积极地竞选了班干部，荣幸地当任了班级的团支书。还记得上学期金融管理学院举办的"支书说团情"PPT演讲大赛，作为班级的团支书，刚开始她感觉有很大的压力，因为她深知这次的比赛代表的是整个团支部而非她个人。但是正是在金融159团支部全体同学的支持和鼓励下，让她充满自信地展示了支部风采，并获得了二等奖的好成绩，也为支部赢得了学院"优秀团支部"的荣誉称号。她很感谢自己的班助，感谢班级同学，是他们给予了她信任和支持，让她有勇气走下去。同时，在学院学生会一年的锻炼，让她从一名勤勤恳恳工作的干事，到现在的部门主任。回想在部门的这一年中，她学到了很多，在沟通和处事方面也提升了不少。在大一下学期，她还参加了"我最喜爱的团学骨干""干事技能大赛"等活动，锻炼了自己的胆量和心态。虽然说演讲之前要准备的东西很多，比如需要反复修改稿子、PPT等。但是也正是这些宝贵的经历，让她在一次次的上台演讲中慢慢地成长，慢慢地放开。从一个上台害羞到脸红发抖的她变成了一个上台能面带微笑充满自信的她。她很感谢老师，感谢学长们能给她这些学习的机会。另外，在大一至大二的暑假期间她还有幸同金融管理学院的42位小伙伴组成了金融管理学院暑期社会实践黔县分队，她很开心能在为期一周的支教活动中给当地的孩子带去了知识和欢乐。当然，她还利用暑假进行了为期一个月的银行实习，在银行实习的这段日子也让她更加深刻地认识到技能和沟

通的重要性。

有人说大学是多姿多彩的，有人说大学是五彩斑斓的，但她觉得每个人的大学生活都是不同的，决定权在自己。

个人荣誉与获奖情况：

（1）2015年12月荣获浙江金融职业学院寝室情景剧二等奖；

（2）2016年3月荣获金融管理学院团总支学生会干事技能大赛二等奖；

（3）2016年3月荣获金融管理学院"团支书说团情PPT演讲大赛"二等奖；

（4）2016年4月荣获金融管理学院团总支学生会"优秀干事"称号；

（5）2016年4月荣荣获浙江金融职业学院"优秀团干部"称号；

（6）2016年10月所参加的黟县团队荣获浙江金融职业学院2016年暑假社会实践"优秀团队"荣誉称号；

（7）2016年12月荣获浙江金融职业学院2016年暑期社会实践"先进个人"荣誉称号；

（8）2016年12月荣获浙江金融职业学院2015—2016学年"三好学生"荣誉称号；

（9）2016年12月荣获浙江金融职业学院2015—2016学年校内一等奖学金；

（10）2016年12月荣获浙江金融职业学院2016年度国家奖学金；

（11）2016—2017年荣获"文明寝室"。

个人感言：不求做得最好，但求做得更好。

第六节 技能之星：陈鹏

陈鹏，男，汉族，1997年5月25日出生，金融管理学院金融管理与实务专业金融155班学生，现任班里技能委员及金融管理学院16级技能训练部副部长一职。自从入校以来他丝毫没有放松对自己的要求，思想上积极要求进步，成为一名态度端正的入党积极分子；性格乐观，与同学相处融洽；学习成绩优良，在班级中排名靠前；工作认真务实，捧着一颗服务他人的心态为同学服务；为人谦虚坦诚，公事公办；能够为同学树立技能、学习以及其他方面的模范带头作用。在大学期间，他先后获得"优秀干事""校三等奖学金""金融管理学院第九届团学委员"等荣誉称号。

他坚信"宝剑锋从磨砺出，梅花香自苦寒来"。经过一年多的大学生活，在校、院领导及各位老师的悉心关怀、孜孜教诲下，在同学们的无私帮助下，无论是思想工作上还是学习生活上他都取得了很大的进步。培养了他坚韧不拔、一丝不苟、认真务实的性格，使他对人生有了更加执着的追求和信心！

一、思想积极进步

思想上坚持四项根本原则，拥护改革开放，热爱社会主义祖国，拥护中国共产党的领导，认真学习马克思列宁主义、毛泽东思想、邓小平理论及"三个代表"的重要思想，正确贯彻执行党的路线、方针、政策和上级的决定，能处理好个人与国家、集体的关系。争取用先进的理论来武装自己，使自己在思想上达到更高的境界。在班级、学校、在生活中，他时刻以党员的标准严格要求自己，能够起到模范带头作用。平时关注新闻信息，通过这些方式了解国家和党中央的新政策和精神，以此来武装自己，时刻保持自己的先进性。不仅如此，他还给同学们宣传一些重要信息，让同学们关注国家大事。

二、技能练习的榜样

在当今这个科技发展迅猛、竞争激烈的时代，他清楚地知道，只有把自己打造成为具有创新思想的新一代大学生，才能在今后的社会上立于不败之地。因此，早在大一技能课程开课的时候他就早早地预习并熟练掌握了五笔字根以前小键盘的指法，在起步上他走在了大家的前，在兴趣形成的同时，他拥有一颗持之以恒的心，在技能练习上，讲究方法与勤奋的结合，在无数次失败之后，他总是能够总结出许许多多练习技能的捷径，去分享给班级里以及全院的同学。在班级中，他是大家公认的技霸，他的目标早已不局限于班级内了，开始把自己的眼光放眼于整个金融管理学院以及整个浙江金融职业学院，去和其他班级、其他学院的同学竞争，不断比赛，共同进步。他不仅在技能课上用百分百的注意力去听老师教授的方法，更是在寝室、机房等场所与其他同学进行技能经验的交流，甚至走在路上，看到字就想拆，总是在嘴里默默念叨着五笔代码，手指也不断地动着，试着摸索着它的位置。他最疯狂的时候应该是大一，每天晚上上完晚自习回到寝室就开始疯狂的练习，每一次练习结束，总是要去摸索着自己的指法，去摸索着按键的速度以及连贯性。果然功夫不负有心人，在大一、大二，他荣获了无数次学院技能比赛的奖项，以及众诚杯等全校大型技能比赛的奖项。

三、工作中的佼佼者

他有着严谨的工作态度和创新的工作思想。他始终认为，一件工作如果要去做就要尽自己最大的努力，并且把它做到最好。他曾在金融管理学院技能训练部里担任干事一职，在刚接手技能部工作的时候，他捧着一颗学习的心态去接受，每一次比赛都是中规中矩地去完成，但是，随着时间的流逝，他开始发现比赛举办中的不足，并且提出来要求改变甚至创新。凭借着较强的工作能力和沟通能力，在日常工作上起到了举足轻重的作用，在工作中，他能以大局为重，任劳任怨，兢兢业业，一丝不苟。处处为同学着想，事事以同学的利益为重，在同学中树立了很高的威信，使得各项工作都走在了前列。他也善于积累工作经验，进行自我总结，在成为金融管理学院技能训练部副部长后，他改进了比赛的形式和制度，把自己一年积累下来的经验毫不保留地分享给大一的干事们，让他们能够在工作中少走一些弯路。他在工作中始终坚信："先吃苦，后享乐"。

四、生活中的热心者

不仅在思想、技能、工作等方面有着优秀的表现。在日常生活中，他也是一个乐于助人的热心者，平时尽心帮助同学，善以待人，主动去处理同学们之前的矛盾，在同学有技能方面的困难的时候，会主动积极地去帮助同学解决，在同学有心事的时候，会主动和他们沟通，分担他们心里的压力，在同学有学习，考证，工作方面问题的时候，他会主动和他们交流，讲述自己的想法和看法。在生活中建立了很好的人际关系，获得了大家的尊重和支持。他拥有积极向上的生活态度和广泛的兴趣爱好，经常参加一些社会活动，例如，2016 年金融管理学院组织学生社会实践小分队赴安徽广德箭穿村社会实践，在此期间积累了许多经验，形成了较好的组织观念。

"千里之行，始于足下"，他认为曾担任过的职务，对他走向社会起到了一个桥梁、过渡的作用，是人生的一段重要的经历，对自己走向银行业奠定了基础。走路的步伐更加稳健，实现目标的信心更加坚定！

个人荣誉与获奖情况：

（1）2015 年荣获浙江金融职业学院第十五届众诚杯大赛五笔文章三等奖；

（2）2015 年荣获浙江金融职业学院第十六届众诚杯大赛五笔文章二等奖；

（3）2015 年荣获浙江金融职业学院第十六届众诚杯大赛五笔单字二等奖；

（4）2015 年荣获金融管理学院会计学院第一期技能联谊赛五笔文章一等奖，

单字二等奖;

（5）2015年荣获金融管理学院会计学院第二期技能联谊赛五笔文章二等奖，单字三等奖;

（6）2015年荣获浙江金融职业学院技能擂台赛五笔文章、单字均三等奖及新星奖;

（7）2015年荣获金融管理学院第八期技能尖子挑战赛大一组五笔文章、单字均二等奖;

（8）2015年荣获金融管理学院第九期技能尖子挑战赛大一组五笔文章、单字均二等奖;

（9）2016年荣获浙江金融职业学院首届优秀特长生;

（10）2015年被评为金融管理学院千日成长工程"优秀干事";

（11）参加2016年浙江金融职业学院金融系赴安徽广德箭穿社会实践;

（12）担任2016级新生班班主任助理;

（13）担任金融管理学院16级技能训练部副部长一职;

（14）2016年获校三等奖金。

个人感言：对于过去，怀着一份反省的态度；对于现在，把握好眼前的每一分每一秒。

第七节　体育之星：陆逸扬

陆逸扬，男，汉族，共青团员，1997年11月出生，浙江杭州人，浙江金融职业学院金融管理学院农金151班学生。

他曾是高考体育特长生，在跑道上追逐着自己的梦想；他吃苦耐劳，咬牙不断突破身体的极限。

他走进大学校园，在刻苦学习的同时继续自己的体育梦想，加入院定向队，风雨无阻地东奔西跑找野外场地训练，在体育老师的训练下不断提高身体素质和识图技巧。并成功参加了浙江省第十四届学生定向赛，取得了高校男子乙组积分赛第三名，团体第二名的好成绩。

一、两次受伤却仍怀揣体育梦想

高中一年级升高中二年级的暑假，他没有像别的同学一样报各种补习班。而是毅然决然地整理行李，前往杭州上城区，拜师门入浙江省十大特级拳师之一的杨永庆前辈门下，练习佛海通臂拳法以及各路散手大小擒拿之术。在练拳的那段时间，每天五点起床开始跑步，接下来便是高强度的训练。那时，即使一天吃五顿饭，每天累到需要睡12个小时。但他依旧在那个暑假中减轻了十千克。但最重要的，还是他在那个暑假磨炼出来的意志与韧性。

在高二的秋季运动会上，他按照往常一样报名参加了1500米及5000米的比赛，但是不幸的是，他在1500米项目时在起跑抢跑道时同时被身边的两位选手撞击，导致在起点处就凌空摔倒在地，但是当他爬起时虽然被超出近百米，虽然摔得左肩的确很痛。他还是奋起直追，跑完了全程。但是还来不及庆祝，身边的同学便发现他的左锁骨成断裂状凹陷了下去。原来，他在起点爬起的时候左锁骨便已经骨折了。

在经过医院的手术以及一个多星期的恢复治疗后，他没有选择休学，而是继续与同学们在同一间教室中学习。虽然或多或少会带来一些不便，但是练体育的他不怕疼不怕累，顽强地坚持了下来。

自从锁骨骨折之后，对于散打等贴身项目的练习及比赛自然会有或多或少地不方便。于是在体育老师的鼓励及指导下。他开始了练习田径的道路。有了之前的体育基础，练起田径来便水到渠成。但是到了临近体育高考的前夕，却突然在大腿上生出了一个皮脂囊肿，那时，他连走路也十分费力。但是体育考试临近，他只能连着去医院打了三天点滴，在考试前吃了止痛片硬着头皮上场。最终，他还是以一分之差落榜了。

但是他并没有气馁，即使体育高考失利，他的文化课依旧拿得出手。填报志愿时，他通过了解，选择了浙江金融职业学院。他相信自己依旧可以在大学中通过自己的汗水还自己一个体育梦。

二、校园给予平台使她释放

来到大学校园，也许就是与体育的缘分，他的班主任田宝坤老师就是一名体育老师。同时得到了金融管理学院学生会体育部学姐的赏识进入了体育部，成为一名干事，接触到更多的体育爱好者。在浙江金融职业学院第十六届冬季长跑运动会中更是在短短1200米的距离中连续超越了三位参赛者，为金融管理学院夺冠打下了结实的基础。也是在这次比赛中因为耀眼的发挥，被定向队的学长选中，正式成为了定向队的一员。

在定向队中，他为了可以参加省赛甚至是国赛，不畏艰苦条件地训练。寒暑假期，别的同学也许在外旅游、度假；而他们则在外面训练。"十一""五一"假期，别的同学也许在家中养精蓄锐，而他们还是在外面训练。

但是天道酬勤，真诚地付出必有回报。他成功参加了浙江省第十四届学生定向赛，取得了高校男子乙组积分赛第三名，为浙江金融职业学院取得团体总分第二名的贡献出了自己的一份力。

三、体育强健我身心，培养我精神

他认为，真正的体育精神不只是为了让一个人四肢粗壮，而忽视了头脑及精神的培养。相比于磨炼身体而言，他认为体育磨炼更多的是人的耐心，勇敢、不屈等优质的品质；让我们时刻保持一颗乐观开朗阳光的心。所以，他除了保持一个良好的身体素质以外，更喜欢尝试新事物，与人交际，攻克难关。

在校期间，除了获得体育类的奖项外，也获得了创文明寝室称号、校三等奖学金等十余奖项，并担任班主任助理的职务，希望把自己的那一份乐观与勇敢带给大一的学弟学妹。同时，也积极参加社会实践，学以致用，来巩固加深自己对专业水平的认识。于 2015 年 1 月至今，他在上海对外服务市场 BPO 中心进行实习，学习市场运营和对外服务贸易等基础经济学知识；2016 年 7 月—2016 年 8 月，在余杭农村商业银行实习，通过实践进行专业知识的巩固。

个人荣誉与获奖：

（1）2015 年 10 月荣获金融管理学院"体验军旅，感恩军训"手抄报优胜奖；

（2）2015 年 11 月荣获浙江金融职业学院第 16 届运动会"优秀方阵"；

（3）2015 年 12 月荣获浙江金融职业学院第 16 届冬季长跑运动会第一名；

（4）2016 年 1 月荣获浙江金融职业学院院职业技能协会优秀干事；

（5）2016 年 1 月荣获浙江金融职业学院创文明寝室；

（6）2016 年 3 月荣获金融管理学院团总支学生会第四届干事技能大赛三等奖；

（7）2016 年 4 月荣获金融管理学院团总支学生会优秀干事；

（8）2016 年 4 月荣获浙江金融职业学院学生社团联合会第十四届社联社团文化节 PPT 立项答辩一等立项（阳光运动协会）；

（9）2016 年 5 月荣获浙江金融职业学院金融票据馆第三届"大学生讲解员"比赛第三名；

（10）2016 年 5 月荣获浙江金融职业学院第二届趣味运动会积极参与奖；

（11）2016年6月取得金融管理学院第五期银雁班结业；

（12）2016年6月荣获浙江金融职业学院院学生社团联合会骨干培训结业；

（13）2016年9月荣获浙江金融职业学院招生就业处优秀特长生；

（14）2016年10月荣获浙江省学生定向赛 高校男子乙组积分赛第三名；

（15）2016年11月荣获浙江金融职业学院2015—2016学年三等奖学金；

（16）2016年12月荣获浙江金融职业学院中国特色社会主义理论体系研读会优秀领导奖。

个人感言：体育给我的不仅仅是身体上的突破，更是在我学习生活中存在压力的时候，帮助我释放了很多压力，度过了很多难关。希望我可以做一个示范作用，带领大家真正地做到"走下网络，走向操场"。

第八节　文艺之星：王文锦

王文锦，男，浙江温州，共青团员，生于1997年6月，金融管理学院金融管理与实务专业155班学生。在校曾先后任职国际商学院文艺部、希冀话剧团、校学生会宣传部干事，任职校学生银星艺术团团长。

怀揣"成为一名艺术家"的浪漫憧憬，在触电浙江省青少年第四届"法在心中"法制微电影创作大赛二等奖后，便开始孜孜不倦地钻研对舞台表演的创作与演出。在大学入学以来，曾多次参与校内外话剧、表演类大赛并荣获奖项，例如浙江金融职业学院第四届"微电影"大赛、浙江金融职业学院"我心我诉"心理情景剧大赛、浙江金融职业学院第四届"希冀杯"原创话剧大赛、浙江省高校传媒话剧大赛等，也为了丰富自我，曾在其他艺术比赛崭露头角，例如，浙江金融职业学院主持人大赛、浙江金融职业学院十佳新秀大赛、浙江金融职业学院第六届社区邻居节"绅士学堂"之型男T台秀等，并且为校内各大晚会曾提供原创小品作品、原创朗诵稿件，也因为对写作的擅长，曾多次参与校内外作文大赛并获奖，例如浙江省温州市"寻找身边最美教师"荣获二等奖，并且文章曾在天台新闻网、天台报、天台妇女联合会网站、浙江省温州市广电传媒类书籍上刊载。

除此之外，在实践经历中的表现也可圈可点，例如，浙江大学阳光教育志愿者服务、"第四届"中国·杭州体育舞蹈（国标舞）公开赛竞赛期间志愿者服务、下沙高教园区第二届春季趣味运动会总决赛暨第十届心理嘉年华趣味运动会裁判、浙江金融职业学院 2016 暑期社会实践赴台州龙溪乡支教、浙江金融职业学院 2016 年迎新生志愿者、浙江金融职业学院金融管理学院"银雁班"培训、浙江省温州市文成县北银村镇银行实习。作为文艺之星主要事迹如下：

一、思想上积极进步

他从小就耳濡目染着身边人对党的理解与崇拜，他也以书的革命英雄作为心中的榜样。红歌是他母亲最喜欢的歌曲，所以在懵懂之时，母亲便将党的价值观刻印在他的心中，母亲总是会在他的耳边讲述一些她幼时的故事，例如她年少时就被长辈说着那些重复却永不褪色的红色记忆。

因此，在军训期间他便向党组织递交了入党申请书。他努力学习马列主义，毛泽东思想，邓小平理论和"三个代表"重要思想深入体会构建社会主义和谐社会与科学发展观的深刻内涵。在学习生活中，他不断以一个共产党员的标准严格要求自己，虽然至今他仍未成为中共党员的一分子，但是那些红色精神会时时刻刻地提醒着自己，向着更优秀、更严苛的自我努力，争取着成为同学以及家人们心中的骄傲。

二、学习上勤能补拙

在学习之上，也许不像其他人一般有着优异成绩，但是他时刻勉励自己，"三年磨一剑"也可锋利如刀尖，在日常学习中，他从不迟到、早退，上课时认真听讲，随时记录课上老师讲的东西，裨益之事，不计多言，所以他总是以"勤"补"拙"，希望能在积累中成就更好的自己。

闲时，他喜欢去图书馆，在书海中徜徉，寄情于那些名家散文，在惬意时光里拾起一本张晓风或者席慕蓉的书籍，陶醉于一个别样的情景，在语言的编撰下，明白有些文字的组合可以美的那么自然和风趣。

也许是从阅览书籍中学会的记录语言，他喜欢在平时写一些体现心情的文章，也因此在高中期间以及大学期间获得过一些市级、校级的作文比赛大奖，例如浙江省温州市"寻找身边最美教师"作文比赛二等奖，也因此有些文字成为一个地方的记忆，例如《金院·小幸运》作为一首歌词使他的名字让更多的人记得。

三、工作上不忘初心，砥砺前行

在高中期间有过学生会的经历，因为一句"部长"能够支起一个故事，他在大学期间积极参与了学生会工作，在转系前，他加入了国际商学院文艺部任职小干事，期间，他先后参与了由国际商学院牵头组织策划的"国商·十年"系庆、浙江金融职业学院运动会开幕式方阵设计、"并肩扬文化，携手创文明"第六届国际文化节、"一二·九"大合唱、"文明之声、话语青春"第三届主持人大赛。

在转系后，他加入了浙江金融职业学院校学生会宣传部任职小干事，在此期间，他先后参与了学院组织策划的"金声有你，唱响文明"第八届校园十佳歌手、浙江金融职业学院五四青年晚会暨第十一届十佳大学生颁奖典礼、"乐舞青春，四艺年华"女生达人秀、下沙高教园区心理素质拓展大赛、"我心我诉"心理情景剧大赛、浙江金融职业学院2016年暑期社会实践、"奔跑吧金院人"2016届学生毕业晚会、"闪亮金主播"第四届主持人大赛、浙江金融职业学院第十七届运动会、学生社团风采暨2016年"恰同学少年"迎新生晚会、"礼占八方，仪韵智慧"第十一届国际商务礼仪大赛之十佳新秀、2017年"我的金院我的家"迎新年文艺晚会。

从他的自身工作经历而言，他明晓了一件事"不忘初心，砥砺前行"，在大一大二的干事经历中，他每天忙碌在各大晚会的排练、组织、策划、宣传中，多种身份贯穿在举行一场晚会期间的几个月里，也许只是身为演员，他便可以很从容地享受着镁光灯给他的光辉，但是仅为演员，他却会失去一些组织、策划的经历，所以他往往还担任其他角色，例如在晚会筹备期间的，他是组织、策划者，在晚会排练期间，他是编剧、导演，在晚会启动期间，他是宣传、整理者，作为演员、摄影、微信推送者，他总是忙碌到夜深人静之时还在构思如何呈现最完美的舞台效果和事后记录发给大家。

也许疲惫的生活让他几经放弃，但是他依旧会被自己那喜欢舞台的心给再次唤醒，让他的熠熠之采在下一次的工作中感染他人，也许不忘初心，就是他砥砺前行最好的动力。

四、生活上把握现在

"生命中有很多特定的刹那都像一篇极短篇：没有起始，没有终结。因此，那挑选出来的一刹那就特别清新而淡远，特别苦涩又甘香。"他读过很多描写时光的句子，却觉得席慕蓉说的这句最为唯美。

毕竟时光没有起始、没有终结，那么为何不把握住现在呢？去享受，才是他们最为重视的事情。他一直是一个浪漫、感性的人，所以他总是对自己喜欢的事情，说做就做，毫不犹豫。例如辩论赛、十佳新秀、主持人大赛、作文比赛、志愿者、暑期实践、部门工作，他也很高兴在这些活动中，成就出了一个多方面的他。

记得他大一的时候还只是个选手，大二就成了评委，在指导他们如何前行的时候，他尤其感到骄傲，因为从此以后，他不会怀有遗憾，因为他尝试过，所以生活给他们的东西很多，如何去抓住，展现自己最好的状态是最急切要做的事。

个人荣誉与获奖情况：

（1）2016年荣获浙江省微电影大赛二等奖；

（2）2016年荣获浙江省温州市"寻找身边最美教师"征文大赛三等奖；

（3）2016年荣获浙江金融职业学院第四届"微电影"大赛特等奖（第一名）；

（4）2016年荣获浙江金融职业学院"我心我诉"心理情景剧大赛二等奖；

（5）2016年荣获浙江金融职业学院第四届"希冀杯"原创话剧大赛第一名；

（6）2016年荣获中国·浙江·台州市天台县龙溪乡荣誉乡民；

（7）2016年荣获浙江金融职业学院第六届社区邻居节"绅士学堂"之型男T台秀"二等奖"以及"优雅绅士奖"；

（8）2017年荣获浙江金融职业学院之金融管理学院"我最喜爱的团学骨干"；

（9）浙江金融职业学院2016—2017学年第一学期"创文明寝室"称号；

（10）浙江省2016年暑期社会实践实践"优秀团队"荣誉称号以及浙江金融职业学院2016年暑期社会实践"先进个人""优秀团队"荣誉称号；

（11）2017年荣获浙江省"第四届"中国·杭州体育舞蹈（国标舞）公开赛竞赛期间志愿者服务；

（12）2017年荣获下沙高教园区第二届春季趣味运动会总决赛暨第十届心理嘉年华趣味运动会裁判；

（13）2017年荣获浙江大学阳光教育志愿者服务；

（14）浙江金融职业学院2016年迎新生志愿者。

个人感言：没有人会一如既往地幸运，所以我们只能做到每一步踩得脚踏实地！

第九节 实践之星：许家齐

许家齐，男，汉族，浙江金融职业学院金融管理学院学生会主席、国金151班班长，在校内积极服务师生，在校外热衷于公益事业，积极参加各种社会实践，服务社会,在实践中不断提升自我、完善自我。

一、校内实践经历(暑期社会实践)

2016年7月4日,他带领浙江金融职业学院金融系安徽广德箭穿暑期社会实践小分队出征安徽广德箭穿村,开展了为期7天的"三乡下"暑期社会实践活动。这段实践历程,短暂且又难忘,他作为带队队长,在整个过程中,不断地与老师、同学们讨论问题、交流意见、共同着手实践,从中学到了很多,感悟颇深。

社会实践是大学生走向社会,体验社会,感受社会的一项富有意义的实践活动,通过社会实践,可以丰富暑假生活;通过工作,可以理解父母平日工作的艰辛,通过磨炼,可以提高人生的阅历;通过交往,可以结识更多的朋友。但这任何的一样都需要自己的体会与发掘。这次社会实践的目的地是安徽省广德县箭穿村,一开始到达目的地的时候他们并没有多大的感觉,只是感觉空气挺好的。但是,他明白,他们的目的是走出箭穿村中心村落,走向地势蜿蜒,人丁稀少的大山,向当地的优秀党员以及普通群众学习,并用金融学子的知识服务于他们。为此,尽管天气恶劣以及地形不熟难找,他坚持带领自己的队伍徒步走到自己的工作地点,进行调研活动、访谈活动、反假币宣传、"两学一做"学习教育活动、开展"我眼中的箭穿、留住时光"义务为当地村民拍摄等活动。每次想到这段时光,心里总是很开心。下乡期间有同学过生日,虽然没有蛋糕,没有蜡烛,但是有祝福的陪伴,大家格外开心。作为新世纪的一名合格人才,必须跨出校门,走向社会,把自己所学的理论知识应用于实践,从实践中不断分析、总结,从而提高自身解决问题的能力。走向社会,参加实践,可以帮助他们摆正自己的位置。社会实践虽然是辛苦的,但同时也是快乐的,只要有收获,他们都可以从中找到属于自己进步的钥匙。

二、校内实践经历(学生会组织)

自2016年11月以来,担任学院学生会主席一职,他有针对性地开展各项工作。选拔服务意识优、个人能力强的优秀同学;积极开展各部门联谊活动、交流会;定期开展考核评比,鼓励先进,总结提高。他院学生会根据以往工作经验,不断进行工作思路创新,从制度上强化学生会工作。

同时,他也在保持学生干部先进性的同时,不断增强学生会内部的凝聚力。在2016年11月积极开展了学院第九届团学委员素质拓展活动,并利用课余时间组织开展16级全体干事的素质拓展活动,更好地促进学生会各成员之间交流,大大增强内部凝聚力。每周学生会各部门也定期召开例会，布置工作，加强对委员能力的培养。

其次，他也紧跟学院领导指导思想，在过去一年根据"一节""一赛""一团""一班"积极策划组织学生会开展了如：艺术节、金院好舞蹈大赛、银雁班培训等数十余项有特色的活动，得到较好的评价。

三、校外实践经历

为了不断提高自己，他也积极参加校外实践活动，譬如"助力 G20"，带领学生会成员帮助孤寡老人等，在专业知识上，他也不断和校外银行进行联系，多次参加杭州银行滨江支行，花旗银行行长分行的实习，在专业上有了较大的提高。

实践活动对他的意义很大，他时刻谨记自己作为学生会主席的职责与使命，在工作中敢于接受任务敢于承担责任，组织同学积极参加各类活动，并且在学习上、生活上，严格要求自己，以身作则，树立好榜样。工作中踏实肯干，得到团队同学们的拥护，能够做好老师的助手，能为同学服务，他也积极参加团组织的活动，积极改正自身的不足，并且努力进取做一名优秀的当代大学生。在今后的学习生活中，他会更加努力，脚踏实地走好人生的每一步，以更昂扬的姿态迎接每一次挑战，抓住每一次机遇，描绘属于自己的绚丽蓝图！望他能以实际行动来证明他自己，不辜负团组织和老师同学对他的期望。

他懂感恩，感谢帮助过他的领导、老师以及队友们，今后，望不辜负老师的期望，继续和大家共同进步、共同成长。

个人荣誉与获奖：

（1）2016 年担任金融管理学院学生会主席；

（2）国金 151 班班长，所在班级荣获 2016 年"五四红旗团支部"，金融管理学院趣味运动会第一名等荣誉；

（3）2016 年担任金融管理学院第五期银雁班班班长，荣获优秀学员称号；

（4）2016 年荣获第三届金院主持人大赛十佳主持人称号；

（5）2016 年荣获金融管理学院朗诵比赛二等奖；

（6）2016 年荣获金融管理学院第四届班长说班情二等奖；

（7）荣获 2016 年浙江金融职业学院暑期社会实践先进个人；

（8）荣获 2016 年团中央暑期社会实践千校千项"实践组织带头人"荣誉称号；

（9）所带 2016 年暑期社会实践赴安徽广德箭穿暑期社会实践荣获 2016 年团中央暑期社会实践千校千项"匠心传播正能量"奖；

（10）所带 2016 年暑期社会实践赴安徽广德箭穿暑期社会实践荣获浙江省三下乡"百优团队"。

个人感言：公益无悔，实践无悔，人生无悔

第九章
2018 年金融管理学院十佳大学生

2018 年金融管理学院通过各班的筛选，院团总支的初步审核、现场答辩及党总支的最后审定、公示，确定陈洋、姚永强、钱维珍、林子淮、刘力钢、王军、徐寅、陈楠、张德伟、叶洪轩为学院十佳大学生，其中刘力钢、叶洪轩、林子淮被评为学校的学习之星、实践之星、服务之星，陈洋、徐寅、张德伟、姚永强分获学校诚信之星、技能之星、文艺之星、自强之星提名奖，具体事迹材料如下。

第一节　诚信之星：陈洋

陈洋，女，金融管理学院 16 级金融管理专业金融 161 班，自进入大学以来，为了自己的理想，她坚持不懈，努力奋斗，面对思想、学习、工作以及生活上的各种困难，迎难而上，不肯退缩，终于执着地走到了今天，借此学校十佳大学生活动之际，特向学校申请"诚信之星"。

鲁迅曾说过："诚信为人之本。"作为一名金融专业的大学生，一名准金融行业人来说，深刻明白诚信的重要性。诚信之星，与其他申报类别相比，似乎没有具体的证书之类的证明，但是她一直在各个方面努力做一个诚信的人。

她积极向党组织靠拢，追求进步，入学不久她就递交入党申请书，并参加了学校业余党校的培训，平时坚持党的理论学习，关注社会问题，并且与同学一起探讨学习，积极向先进人物学习，不断丰富自己的理论知识、提高自己的思想觉悟。经过党组织的严格考验，她现在已被组织发展成为入党积极分子，她会严格要求自己，以党员的标准来规范自己的行为准则，不辜负组织的期望。

在班级中，做到不迟到早退、无旷课记录，上课认真听讲、考试不投机取巧注重日常积累、扎实学习、形成良好的学习习惯和学习方法。通过不断努力，在过去的一学年里，她顺利通过了大学英语三级，计算机一级考试，先后被院校评为"三好学生""先进个人""优秀入党积极分子""优秀班干部""优秀学生干事"荣誉称号，荣获校二等奖学金；在寝室里，身为寝室长的她，主动督促室友拒绝使用违规电器，按时打扫卫生，杜绝出现违纪行为。获 2017 学年浙江金融职业学院"文明寝室"荣誉称号。

当然最重要的是在团学工作上，从小小的干事到学生会办公室主任，她都认真负责努力做到：

一、诚信为本

诚信是金融行业发展之源，财务工作之本。她作为团学会财务人员，要有实事求是、求真务实、诚实守信的职业品质；要有依法理财、客观公正、廉洁自律的工作作风；要有遵纪守法、遵循准则、恪尽职守的工作纪律。因此，她树立"团学会意识、学院意识、诚信意识"，以推动会计服务于金融管理学院，找准会计位置、明礼诚信、做好敬业奉献。

二、坚持准则

在遵循学校财务准则，保证各项财务准确、规范地贯彻执行的同时，要"硬化会计法律法规的严肃性；细化财务制度的实施；量化会计基础工作的规范管理；强化财务监管的力度"的工作方法。利用制度、原则来规范财务行为，坚决堵住财务信息失真的现象。

三、不做假账

"不作假账"是对财务工作的最基本要求，也是最高的道德标准要求。坚持原则，不作假账，保证真实性。每月底，她按时将各个部门的发票收齐，按照时间顺序依次排列并认真检查发票背后信息的真实准确性。对于收上来的发票，她们都需要有两个人的确认签名，以保证发票报销工作的正常进行。再确认无误后录入当月活动经费一览表中，做好这些前提工作的准备后，需要由另一位负责人将发票和活动经费表进行审核。最后由她将当月的发票统一上交负责老师，再由老师进行审核确认。若出现资料未齐全的发票，她会及时联系发票负责人，让他提供相应的证明。以确保每一笔活动经费的报销都是真实可靠、准确无误、绝不存在虚假欺骗行为，让每一笔钱都用到活动的刀刃上。等到学校通过这些发票下发财务后，她会全额将钱下发给各部门的负责人，哪怕是角、分也不遗漏。

同时她也妥善保管学生物资，开学初她和部门干事一起负责清点、整理上学期所剩余的活动物资，并做好登记。如部门在举办活动时，需要提交物资申请表，在允许的情况下，再由她们向该部门下发物资。

作为学生干部，她以身作则、关系同学、热情积极、认真负责、准确及时的完成组织交给的各项任务并配合其他部门的工作。在这些工作中，她也遇到了不少的麻烦和困扰，不过在老师、同学的鼓励和帮助下，她都能很好地解决，在这个过程中她也学会了很多为人处世的方法和解决问题的艺术。

在生活上，待人真诚，与人为善；在社会上，做一个诚实守信的合格公民。面对困难的同学，她乐于伸出援助的手，助人为乐、真诚奉献。答应别人的事，她都会尽力做到，即使是一些琐碎的小事，她都会尽自己最大的能力做好。

一分耕耘，一分收获。学习、生活、成长的路是艰辛而漫长的，但她懂得不经历风雨，怎么见彩虹。她用自己的诚信和正直为歌，热心和宽容为曲，弹奏暖人心扉的歌；她用自己的理想和追求为笔，进取和奋发为墨，书写充满希望的画；她用爱心、恒心、诚心托起更加灿烂、美好的明天。

个人获奖与荣誉：

（1）2017年赴安徽广德箭穿社会实践项目入选团中央"最具影响好项目"；

（2）2016—2017学年荣获浙江金融职业学院"三好学生"荣誉称号；

（3）2016—2017学年荣获浙江金融职业学院二等奖学金；

（4）2017—2018学年荣获浙江金融职业学院"素质拓展型文明寝室"荣誉称号；

（5）2017年荣获浙江金融职业学院暑期社会实践"优秀团队"荣誉称号；

（6）荣获金融管理学院2017年度"优秀入党积极分子"荣誉称号；

（7）荣获金融管理学院2017年度"先进个人"荣誉称号；

（8）荣获金融管理学院2017年度"优秀班干部"荣誉称号；

（9）荣获金融管理学院2017年度"实践之星"荣誉称号；

（10）荣获金融管理学院2017年度"文明寝室"称号；

（11）2017年荣获金融管理学院第四届干事技能大赛优胜奖；

（12）2017年获得浙江省高等学校计算机1级证书；

（13）2017年考取浙江省大学英语3级证书；

（14）2017年取得浙江省社会艺术水平电子琴专业10级证书；

（15）2017 年荣获全国"尚德杯"第三届中国青少年创意大赛个人一等奖。

个人感言：一分耕耘，一分收获。学习、生活、成长的路是艰辛而漫长的，但她懂得不经历风雨，怎么见彩虹。她用自己的诚信和正直为歌，热心和宽容为曲，弹奏暖人心扉的歌；她用自己的理想和追求为笔，进取和奋发为墨，书写充满希望的画；她用爱心、恒心、诚心托起更加灿烂、美好的明天。

第二节　自强之星：姚永强

姚永强，男，1997 年出生。金融管理学院金融管理与实务专业 166 班学生，任金融管理学院学生会副主席、金融 168 班团支书、金融管理学院辩论队副队长。

人们无法计算人生的路途有多远，但是我们能够把握的是旅途中的每一个站台，每一个人，每一件事，每一道风景。认识他的人总会说，他是一个忙碌的人，而用他的话说，自我是一个充实的人。在近一年半的大学生活中，他能够在各方面严格要求自我，努力使自我成为一名德、智、体全面发展的优秀大学生。在领导、老师的辛勤教育指导下，经过自我的不懈努力，他建立起了正确的人生观和世界观，端正了学习和生活的态度，明确了自我人生发展的目标，坚定信念，激励自我向高素质人才靠拢，并坚持不懈地为之努力奋斗。

一、心怀梦想，奋力追逐

每个努力的人背后都有一个最坚强的后盾，而他的后盾便是自己的父亲。他父亲是一个正直的人，也是一个算在农民这个称谓上做父亲教育最成功的之一。他的家庭算不得富裕，但幸好，父亲母亲比较吃得了苦，从他出生开始，就一直在努力打拼。父亲对他的学业是关心的，但不强求，所以大学前的他学业生活比较轻松自主，但也碌碌无为，一次他获得了生物学竞赛省奖，父亲比他还要有成就感。他觉得自己当前的作为对不起父亲如此信任，所以他在大学试着逼自己去处事、去展现、去获奖。他大一时特别忙，忙得连饭都吃不上，觉也睡不了几个小时，依稀记得，在大一刚进辩论队时，是他最没有信心的那段经历，因为他从没打过辩论，因为态度和努力，被学姐选中，成为辩论队的一员。打辩论的日子伴随着大一的每个学期，每一次主题辩论，都需要通宵达旦地找寻资料，整理文稿，记得队中流传着一句话：要死也是姚永强先猝死。虽说不吉利，但也突出了他这个基础不扎实的人，执着努力地追赶着队伍的水平，在打辩论的日子里，是他最开心的日子，也是最不觉得累的日子，因为不仅是自己的兴趣所在，更是，对于父亲，一个最值得的回报，很庆幸，他这么自强，没有中途想过放弃，也很荣幸，仅有的两次校级辩论赛，他都在决赛场上，并且拿了两次校级冠军。

二、命运多舛，坚强前行

通过自己的努力，他不仅在辩论场上，还是在学生会工作都有了较大的进步，让自己学会交际，做一个做事周全的人，来让父亲认可自己。可这过程，是苦难交织的。去年五月底，父亲查出肝癌晚期。病床前有两件事，是他这辈子都忘不了的。第一件事是，九月正值学院班助工作和学院双代，他本已打算放弃，父亲病床前跟他说，你赶快去，学业不要废，他有事会叫你妈通知你的，苦口婆心下，他两头为难，只能尽力做好当下的班助工作和双代竞选再赶回去，班助做得算得上完美，可副主席这个称号，父亲没有能听到，他并不是因为这个称号多么高大上才想告诉父亲，他只想让父亲明白，儿子这一年，真的得到了很多人的认可。第二件事，是他在病床前教会自己的一个原则，做什么事都得先紧后宽，这是父亲教给他的最后一个原则，更是他这个本性懒惰的人最受用的。

他觉得父亲再也看不见他之后的成就了，但他愿意去试着相信，他父亲正在天上某处，凝视着他未来的每一种上进。

生活总是苦难多于收获，也幸好，他这个人，不畏将来，不惧苦难，这辈子，不能被苦难打败，人生，当自强，因为父亲给他取了个名字叫姚永强，他若不拼一拼，又怎能叫永强。

个人荣誉与获奖：

（1）2017 年荣获浙江金融职业学院演讲与口才协会第 14 届新生杯辩论赛冠军；

（2）2017 年荣获浙江金融职业学院演讲与口才协会第 14 届金院杯辩论赛冠军；

（3）2017 年荣获浙江金融职业学院第十四届"金院杯"环保主题演讲赛优胜奖；

（4）2017 年荣获浙江金融职业学院暑期社会实践先进个人；

（5）2017 年荣获浙江金融职业学院暑期社会实践优秀团队；

（6）2016 年荣获浙江金融职业学院第十七届田径运动会广播操比赛第一名；

（7）2017 年荣获浙江金融职业学院趣味运动会齐心协力第五名；

（8）2017 年荣获浙江金融职业学院七彩寝室之创新之家；

（9）2017 年荣获金融管理学院 2016 新生辩论赛亚军；

（10）2017 年荣获金融管理学院千日成长朋辈互助优秀班干部；

（11）2017年荣获金融管理学院第六期银雁班优秀学员。

个人感言：成长的路，就该逢山开路，遇水架桥

第三节　公益之星：钱维珍

钱维珍，女，汉族，来自金融167班，自进入大学的一年多以来，努力提高自身素质，合理安排时间，在第一学年加入了紫罗兰声乐协会和体育舞蹈俱乐部，并担任体育舞蹈俱乐部的副会长一职，热衷于公益志愿事业，为此发挥自己的才艺专长，参与第四届JUST DANCE体育舞蹈公开赛、"金鼎地产杯"首届中国体舞俱乐部联赛志愿者等校内外等30余项活动。

一、从身边做起，践行志愿精神

为了提高自己的专业能力，志愿为校做出更大的奉献，每年的寒冬腊月，在学校放假后一星期都自愿留校协助老师参与组织校队的寒假集训，为校队发展贡献自己的绵薄之力。在2017年的8月加入了浙江省高校体育舞蹈联盟经济技术开发区训练营进行暑假集训，并取得了体育舞蹈三级专业教师资格证书。回校后无偿带领新一批的校队人员在每周二、四晚周三、日下午进行不间断地常规训练任务，为学校输入更多校队的新鲜血液，这份无私的坚持也得到老师同学和室友的一致认可好评，获"第十三届社区文化节励志型最美室友"。

在2017年的12月代表学校参加了由浙江省教育局、浙江省体育局主办的浙江省大学生第四届操舞锦标赛，荣获标准舞－校园维也纳华尔兹第二名、华尔兹舞第四名、艺术表演舞第二名、拉丁舞女子集体舞第二名的4个省级奖项，以自身的专业能力，为学校争得了荣誉。

二、走出校门，服务社会

为进一步深入宣传党的十九大精神，丰富广大群众的精神文化生活，推动文化扶贫，在2017年6月加入紫罗兰声乐协会赴嘉兴市桐乡利顺村的文艺下乡志愿队伍，参与"百万学生走出校园 十万党员走进村社"的暑期社会实践服务月活动，让自身的才艺专长能发挥更大的作用，为社会传播中华文化艺术经典，为校感悟当地的文化艺术，为农民提升对艺术的认知，首场表演获得了当地居民及委员会

一致好评。她理解的公益之星便是这样的,他不仅仅停留在公益所带来的对自身修养和思想能力的升华,更注重的是以公益精神推动校园精神文化建设,乃至社会文化建设,提高社会主义精神文明建设,弘扬社会正能量和正气。

当选上十佳大学生公益之星,是对以往的公益志愿做出的总结和肯定,以此勉励,望她能在今后的人生道路上不断突破自我,完善自我,发挥她的才艺专长积极投身学校公益事业,为公益事业发光发热,鼓励更多的同学不忘公益初心,在新的时代,用公益践行十九大精神,传播文化艺术经典,弘扬坚持不懈的精神,为学校乃至社会的公益事业做出更多的奉献。

个人荣誉与获奖情况:

(1)2017 年荣获浙江省第四届大学生操舞锦标赛 S-校园维也纳华尔兹第二名;

(2)2017 年荣获浙江省第四届大学生操舞锦标赛 L-女子集体舞第二名;

(3)2017 年荣获浙江省第四届大学生操舞锦标赛艺术表演舞第二名;

(4)2017 年荣获浙江省第四届大学生操舞锦标赛 S-华尔兹舞第四名;

(5)2017 年荣获首届在杭高职院校文化节校园好舞蹈-舞王争霸赛二等奖;

(6)2017 年荣获大学生艺术展演"我的地盘我做主"二等奖;

(7)2017 年荣获全国高校图书馆"外研讯飞杯"诵读达人奖;

(8)2017 年荣获浙江金融职业学院第十三届社区文化节"励志型最美室友";

(9)2017 年荣获浙江金融职业学院金融管理学院千日成长-文艺之星。

个人感言:能将自己的艺术专长积极投身于学校乃至社会的公益事业,才是人生艺术正确的表达方式。

第四节　服务之星:林子淮

林子淮,男,汉族,温州市瑞安人,共青团员,1998 年 6 月 19 日出生,浙江金融职业学院金融管理学院 16 级国金 161 班学生,曾任班级副团支书兼技能委员、金融管理学院创新实践部部长、新生班主任助理以及大一入选校"技能尖子"、金融管理学院技能尖子班成员。现将大学两年以来他的主要事迹材料作如下表述:

一、思想上一心向党

在思想上他积极要求进步，平时认真关注国家时事，努力提高自己的政治理论修养，修正自己思想认识上偏差的地方，树立正确的人生观、世界观和价值观，并带动周围同学努力学习党的政治理论知识，他坚信中国共产党是最伟大、最先进、最光荣的党，不断增强党对建设中国特色社会主义的信念，认真撰写入党申请书，积极地向党组织靠拢。

二、学习与技能上争创优秀

在大学这两年来，他一直以"我不是天才我只是比别人努力得更早一些"作为自己的座右铭。时时刻刻以此来鞭策自己，学习态度严肃认真，练习技能刻苦努力，每天都会制定科学、合理的学习计划，周密地安排时间。也正因如此他取得了较好的成绩，在大一学年获得了学院一等奖学金、浙江省政府奖学金与院"三好学生"的称号，同时大一、大二的综测智育成绩都为班级第二；并通过选举成为金融管理学院团总支创新实践部部长，在院级以及系级的技能比赛上取得过很多优异的成绩如第十七届院"众诚杯"五笔单字二等奖、五等文章三等奖，现如今他的五笔水平最高达到过一百五十字每分钟与传票一百四十六秒百组的好成绩。虽然取得了不错的成绩，但他并没有骄傲，他知道自己要走的路还很长，要学习的知识，需要完善的方面还有很多，望他在此基础上继续不懈地努力，不断地完善自己，不断地充实自己，以争取取得更好的成绩，成为一名复合型人才。

三、学生工作上竭诚服务同学

他一直以"服务同学，锻炼自我"为宗旨，在担任班级技能委员时，他积极认真地开展班级技能训练工作。在早自习期间，组织班级同学进行五笔拆字练习与传票点钞手势练习，为了能够给同学们创造良好的练习技能的环境，他也曾在班主任的建议和指导之下，去院里找寻相关部门老师为班级申请更多的技能晚自习，同时作为副团支书，完成团支部下达的各项任务，并做到服务老师、服务同学。他还一直在团总支等相关团体组织工作，有较强的组织管理能力、协调合作素质和改革创新意识，能够较为恰当的把握各项工作的任务特点，及时地、有针对性地开展工作。在大二上半学期他作为技能尖子生，在新生军训时期为他们进行技能引导演讲与大一新生们分享，平时技能练习的经验与心得，为他们讲述一定的技能练习方法以及一些关于技能练习的重要性，提升他们对技能练习的兴趣。在担任新生班主任助理期间，积极宣传金院技能文化及掌握技能的重要性，帮助同学们能尽早开始练习技能，为金融管理学院的朋辈互助育人贡献自己的力量。

四、生活上乐观开朗

生活中他十分乐观，性格开朗，在与同学交往中，平易近人、待人友好、乐于助人、与人相处融洽，并养成良好的生活习惯。有较强的交际潜力，集体荣誉感强，且用心进取。他一向铭记"静以修身，俭以养德"，并且将这句话融于生活。在大一，带领寝室荣获"文明寝室"和"创文明寝室"称号。

五、积极参加社会实践

在大一的暑假他参加了赴萧山红山农场社会实践，进行支教、调研等活动；在大二的寒假期间，前往瑞安农商银行进行实践，学习银行业务操作，通过不断的社会实践活动，他更加懂得了社会实践的价值和意义，提升了自己认识事物的能力，也提高了自己的实践动手能力。

个人荣誉与获奖：

（1）2016 年荣获浙江金融职业学院"技能尖子"称号及金融管理学院技能尖子班成员的称号；

（2）2016—2017 学年荣获第二学期技能擂台赛新星奖；

（3）2016—2017 学年荣获第二学期金融管理学院与会计学院第四期技能联谊赛五笔单字二等奖；

（4）2016—2017 学年荣获第二学期金融管理学院与会计学院第四期技能联谊赛五笔文章三等奖；

（5）2016—2017 学年荣获第二学期会计学院与金融管理学院第二期技能联谊赛五笔文章三等奖；

（6）2016—2017 学年荣获第二学期会计学院与金融管理学院第二期技能联谊赛五笔单字三等奖；

（7）2017 年荣获浙江金融职业学院第十七届"众诚杯"职业技能大赛中，荣获中文输入—文章输入项目大二大三组比赛三等奖；

（8）2017 年荣获浙江金融职业学院第十七届"众诚杯"职业技能大赛中，荣获中文输入－单字输入项目大二大三组比赛二等奖；

（9）2017—2018 学年荣获校技能擂台赛五笔单字三等奖；

（10）2017—2018 学年荣获校技能擂台赛五笔文章三等奖；

（11）2016—2017 学年荣获省政府奖学金；

（12）2016—2017 学年荣获"三好学生"荣誉称号；

（13）2016—2017 学年荣获浙江金融职业学院暑期社会实践荣获"先进个人"荣誉称号；

（14）2017 年度浙江金融学院千日成长工程评选中，荣获"技能之星"荣誉称号；

（15）2017 年度浙江金融学院千日成长工程评选中，荣获"优秀班干部"荣誉称号；

（16）2017 年度浙江金融学院千日成长工程评选中，荣获"先进个人"荣誉称号；

（17）2016—2017 学年第一学期荣获浙江金融学院"文明寝室"；

（18）2016—2017 学年第二学期荣获金融管理学院干事技能大赛二等奖；

（19）2016—2017 学年荣获浙江金融学院优秀团干部、优秀干事；

（20）2017—2018 学年第二学期荣获金管理学院十佳大学生－服务之星。

个人感言：我不是天才，所以我要比别人更加努力。

第五节　学习之星：刘力钢

刘力钢，男，汉族，金融 168 班学生，来自一个普通的农村家庭，祖辈都是朴实的农民，好学自信，自强自立。

一、追梦金院

由于过去家中孩子过多，父母都只是读到了小学或初中毕业，在还未成年之前，他们就已经开始靠自己的双手去生活。他们虽然文化程度不高，但都懂得知识的重要，从小他们就教育他要好好读书，要靠读书改变自己的命运，小时候他不是很明白这些话的含义，但这些话语都在他内心深处扎下了根，直到今天，这些承载着父母无法用语言表达的期望一直是他学习的动力，也必将是他一生的动力。在这种动力的推动下，他完成了小学的学习生活，升入了初中，考上了省重点高中，之后又步入了浙江金融职业学院的大门。当他收到浙江金融职业学院的录取通知书后，他知道离自己的理想更近了。

2016年9月，他独自一人带着录取通知书和行李箱来到了浙江杭州，来到了这个离梦想最接近的地方，他觉得这个城市充满着一股年轻的气息，是一个有能量的城市，同时又是一个温柔的城市，在这里一定有着无限可能，而他的第一站就是浙江金融职业学院。

二、为梦想上下求索

他深知在高手如云的大学里想要保持高中的那份优越感是不容易的，他必须比高中更努力，他为自己定下目标，然后通过自己的努力去实现它。在学校报道的第一天，他见到了他的班主任和班助学长学姐，班主任告诉他，因为高考成绩优异他拿到了新生"钻石"奖学金，这真的是一个令人激动的消息，他知道这只是第一步，以后他还会更加努力。在开学后不久，他就加入了学校的学生会以及学生自律委员会，因为他觉得在大学不只要读好书，加入学生会工作也是一项必不可少的锻炼，在学生会和自律会的一学年中他一直协助着部长学姐做着部门每一项工作任务，举办每一次活动。同时他也积极地参加着学校组织的一些活动，希望能从中学到一些东西，交到一些志同道合的朋友。

在大一上学期，他参加了学校的第四十六期党章学习班、第二十一期团学干部培训班、第三期学生社区"自律大讲堂"学习班，并通过了全部考试，顺利结业。同时也积极参加学校各类活动和比赛，如运动会广播操比赛、爱党敬党知识竞赛、定向比赛等等，分别获得了不同名次的荣誉。在大一下学期，他深知学历的重要性，明白大专学历难以满足社会发展的需求，于是报名了浙江工商大学的自考本科，到如今已通过了10门考试，剩下三门待考。大一末，他报名参加了班助的评选，并成为金融173班的班助。在暑期中，他参加了两次学校组织的社会实践，一次是和李丹宁老师以及两位同学访问慰问贫困学生社会实践，一次是金融管理学院赴萧山红山农场社会实践。在整个大一学年中，他获得了一等奖学金、省政府奖学金，以及获得了优秀共青团员、三好学生、金融管理学院千日成长学习之星等荣誉称号。在大二，他开始考取专业证书，并一次性通过了基金从业资格考试、证券从业资格考试、银行从业资格考试和期货从业资格考试。

"路漫漫其修远兮，吾将上下而求索"，成绩属于过去，未来要走的路还很长。带着那么多的关怀和期望，他会以更加向上的姿态迎接生命中一次又一次的磨炼和考验，以更加饱满的热情投入到以后的学习和工作中去。"天道酬勤"，他相信属于他的明天终会是阳光灿烂的。

个人荣誉与获奖情况：

（1）2016—2017学年荣获浙江金融职业学院新生"钻石"奖学金；

（2）2016—2017学年荣获浙江金融职业学院一等奖学金；

（3）2016—2017学年荣获省政府奖学金；

（4）2016—2017学年荣获浙江金融职业学院优秀共青团员；

（5）2016—2017学年荣获浙江金融职业学院三好学生；

（6）2016—2017学年荣获浙江金融职业学院金融管理学院千日成长"学习之星"称号；

（7）2016—2017学年荣获浙江金融职业学院第一届"跨古今，延经典"中华诗词大赛三等奖；

（8）2016—2017学年荣获浙江金融职业学院第三届爱党近党知识竞赛三等奖；

（9）2017年09月取得基金从业资格证书；

（10）2017年10月取得证券从业资格证书；

（11）2017年11月取得银行从业资格证书；

（12）2018年01月取得期货从业资格证书；

个人感言：天道酬勤，我相信勤劳的人总会有一个阳光灿烂的明天。

第六节 学术之星：王军

王军，男，1998年4月25日出生，来自湖州安吉。2016年9月进入浙江金融职业学院金融管理学院学习，担任金融管理学院金融161班团支书一职；同时，他也是金融管理学院现任的学生会副主席，分管文艺部艺术团和礼仪队的工作。入校以来，遵守学校以及学院的各项规章制度。从大一到大二，将近两年的时间里，他积极参加各类文体活动，比如，"浙江金融职业学院第四届主持人大赛""浙江金融职业学院第十四届金院杯环保主题演讲比赛"等。

一、学生干部以身作则

首先，他作为一名共青团员和班级里的团支书，摆正自己在思想上的态度。进入大学以来，在学习和技能练习上也是严格要求自己，从未松懈。他为自己制定了明确的学习规划以及学习目标，认真学习相关的专业学术知识。在老师上课时，自己认真做好相应笔记，积极举手发言，按时认真完成老师布置的各项作业，不拖拉，并在课后进行科学有效的复习。同时也和同学们互相帮助，取长补短，达到一起进步的效果。

在学习上，他始终信奉一句经典名句，"温故而知新，可以为师矣"。"温故而知新"，复习是学习新知识的一个主要环节，倘若没有对所学知识的认真复习，那他们新学的知识就会缺少源头，从而导致他们没有办法对所学新知识有更好地理解和掌握。也正是因为自己掌握了相应的正确的学习方法，他在大一学年综测排名班级第一，大二第一个学期智育排名全班第二、综测排名全班第一。这也为他的学术道路奠定了强有力的基础。

二、兴趣让他收获惊喜

因为自己的爱好使然，他报名了全国大学生英语竞赛。为了获得进入决赛的资格，他努力学习，认真练习自己的英语口语表达能力。最终，由于自己的努力付出，他进入了决赛。但在这个时候，他的压力远远大于他的开心，因为这一次他不仅仅是为了他自己在比赛，同时也代表了学校——浙江金融职业学院。在决赛的备赛时间里，每天早上，他都会早早起床，吃好早饭，一个人安安静静地坐在"浙商"教学楼一楼背单词、刷试题，对着墙壁练习英语口语表达能力。每天早上，他的指导老师李佐老师也会在百忙之中抽出时间来，为他讲解试卷上的一些经典题目，为他传授如何才能提高解题的正确性和速度。到了晚上，他会一个人前往图书馆，坐在一个安静的角落里，戴上耳机，练习他的英语听力。听完后，他会翻开听力原文，对比一下，自己到底是在哪里被绊住了脚步。接着，又继续做着一张又一张的试卷。刚开始做试卷的时候，因为没有系统性地练过，他甚至不能在规定时间里完成整份试卷，但是经过高效的练习，自己的做题速度和正确率明显提高。就是这样，日复一日地学习着，临近比赛，指导老师还特地为他进行了很多次模拟考试，看看他在实际考核中会有怎样的表现，幸好不差！到最后，考试结果出来的那一刹那，他大声地笑了，代表学校比赛获得了一等奖的好成绩。不论怎么样，只要肯付出就一定会有收获。

三、在诵读中发现自我

他有幸参加浙江省第五届中华经典诵读竞赛，在得知自己的初赛视频被专业评审组选上可以代表学校参赛之后，他无比地自豪和紧张，因为这次只选上了两个人，他就是其中之一。不得不说，中华经典诵读竞赛的备赛过程，真的是十分痛苦和紧张，诵读决赛竞赛有 30 篇非常难背的古文、现代文以及现代诗歌文。他最痛苦的是，背了这一句又忘记了前面一句，让人束手无策。但是，指导老师知道后，传授给了他们相应的正确背诵方法，让他们不要死记硬背，要先去了解每篇古文或者现代文的意思，抓住中心思想句，这样就会提高。结果正如老师所说。除此之外，决赛还有 30 句古文演讲主题句，需要他们自己摸清楚意思，并以此为主题进行即兴演讲。他们的指导老师，也不怕麻烦，带着他们用了整整一个下午的时间把所有的主题句意思搞清楚，每句话可以运用哪些素材也带着他们相互交流，即兴演讲需要注意哪些问题也通通提醒他们。到正式比赛开始前的几天，指导老师也是陪在他们身边，为他们模拟训练和比赛。当然，最终他获得专科组一等奖的成绩也算是很好的回报了，为学校、学院、老师、自己争得荣誉。

很自豪，他一个人可以获得两项省级学科竞赛一等奖，当然除了参加学科竞赛之外，他还积极协助学姐进行论文研究调查。在学姐的"关于大学生校园网贷情况"的论文中，他积极开展调查，撰写论文问卷调查，分析数据，总结结论，起了十分重要的作用。

他的路还很长，学术的道路还会更长，现在的他还在继续努力加油，也相信他在自己的学术道路上有更加辉煌的成就！

个人荣誉与获奖：

（1）2016 年 11 月荣获浙江金融职业学院第四届主持人大赛"银话筒"；

（2）2017 年 4 月荣获浙江金融职业学院第十四届"金院杯"环保主题演讲赛季军；

（3）2017 年 5 月荣获浙江金融职业学院大学生励志演讲比赛一等奖；

（4）2017 年 5 月荣获金融管理学院第六期银雁班"优秀学员"荣誉称号；

（5）2017 年 5 月荣获全国大学生英语竞赛 D 类一等奖；

（6）2017 年 11 月荣获浙江省第五届大学生中华经典诵读竞赛专科组一等奖；

（7）2017 年 11 月荣获金融管理学院赴安徽休宁暑期社会实践小分队 2017 年"镜头中的三下乡""优秀视频奖"；

（8）2016—2017 学年荣获浙江金融职业学院校外素质拓展奖学金；

（9）2017 年 11 月荣获浙江金融职业学院 2017 年暑期社会实践"优秀团队"荣誉称号；

（10）2017 年 11 月荣获金融管理学院"实践之星"荣誉称号；

（12）2017 年 12 月荣获浙江金融职业学院"献礼十九大，党史记于心"党史知识竞赛一等奖；

（13）2016—2017 学年荣获浙江金融职业学院"活力标兵"荣誉称号；

（14）2016—2017 学年荣获浙江金融职业学院"优秀共青团员"荣誉称号。

个人感言：不读天下之诗文，焉敢风评天下之君子！

第七节　技能之星：徐寅

徐寅，女，汉族，杭州市富阳人，入党积极分子，1998 年 7 月 4 日出生，金融管理学院金融 161 班学生，曾担任班级技能委员、金融管理学院技能尖子班技能委员。

一、思想方面

在思想上她积极要求进步，早于开学军训期间她便向党组织递交了入党申请书，她深知思想对一个人发展的重要性。曾于 2017 年 11 月参加中共浙江金融职业学院委员会党校第四六期党章学习班的学习，并顺利拿到结业证书。平时她关注国家时事，认真学习党的相关文献书籍，定期向党组织递交思想汇报，积极参加各类党的理论知识讲座，并多次向党组织汇报自己的学习心得，优秀学生先进事迹报告，努力提高自己的政治理论修养，修正自己思想认识偏差的地方，树立正确的人生观、世界观和价值观，并带动周围同学努力学习党的政治理论知识，她坚信中国共产党是最伟大，最先进的党，不断增强党对建设中国特色社会主义的信念，并积极地向党组织靠拢，努力成为一名中共党员，成为同学们心中的模范先锋。

二、学习与技能方面

在大学这两年来，她一直以"明天的你将会感谢今天拼命努力的你"作为自己的座右铭。时时刻刻以此来鞭策自己，学习态度严肃认真，练习技能刻苦努力，每天都会制定科学、合理的学习计划，周密的安排时间。也正因如此她取得了较好的成绩，在大一学年获得了学院一等奖学金、浙江省政府奖学金与院"三好学生"的称号；在院级以及系级的技能比赛上取得过很多优异的成绩，如在校"众诚杯"点钞单指一等奖。虽然取得了不错的成绩，但是她一定不会骄傲，她知道自己要走的路还很长，要学习的知识，需要完善的方面还有很多，她将在此基础上继续不懈的努力，不断地完善自己，不断地充实自己，以争取取得更好的成绩，成为一名复合型人才。

三、学生工作方面

她一直以"服务同学，锻炼自我"为宗旨，积极认真地开展班级技能训练工作。在早自习期间，组织技能尖子班同学进行点钞练习。在担任金融管理学院技能尖子班技能委员时，她在引导大家努力练习技能的同时，并且每两个礼拜组织一次各项技能成绩的测试，促进尖子班成员你追我赶的技能练习氛围。她还一直在学生会等相关团体组织工作，有较强的组织管理能力、协调合作素质和改革创新意识，能够极为恰当的把握各项工作的任务特点，及时地、有针对性地开展工作，在成为金融管理学院技能训练部的一员期间参与组织过多次相关的技能活动，如金融管理学院与会计学院第二期技能谊联赛、金融管理学院技能尖子选拔赛、金融管理学院技能表彰大会等技能相关活动。在大二上半学期她作为技能尖子生还参加了技能尖子交流会和新一届的金融管理学院技能尖子班的开班典礼与大一新生们分享平时技能练习的经验与心得，为他们讲述一定的技能练习方法以及一些关于技能练习的重要性，提升他们对技能练习的兴趣。

四、生活方面

她平易近人、待人友好、乐于助人、与人相处融洽，并养成良好的生活习惯。有较强的交际潜力，群众荣誉感强，且用心进取。她一向铭记"静以修身，俭以养德"，并且将这句话融于生活。

个人荣誉和获奖：

（1）2016年荣获第十七届运动会"优秀方阵"称号；

（2）2016年荣获金融管理学院团总支学生会"优秀干事"称号；

（3）2016—2017学年荣获浙江金融职业学院一等奖学金；

（4）2016—2017学年荣获浙江金融职业学院"三好学生"称号；

（5）2016—2017学年荣获浙江省政府奖学金；

（6）2017年荣获"指尖魔力"点钞交流赛"单指单张"，"多指多张"优胜奖；

（7）2017年荣获金融管理学院首届技能团体争霸赛优胜奖；

（8）2017年荣获第四期金融管理学院会计学院技能联谊赛"单指单张"三等奖；

（9）2017年荣获第四期金融管理学院会计学院技能联谊赛"多指多张"二等奖；

（10）2017年荣获浙江金融职业学院"众诚杯"技能赛点钞"单指单张"一等奖；

（11）2017年荣获金融管理学院千日成长金鹰引航朋辈互助"学习之星"称号；

（12）2017年荣获金融管理学院千日成长金鹰引航朋辈互助"优秀入党积极分子"；

（13）2017年荣获金融管理学院千日成长金鹰引航朋辈互助"先进个人"称号；

（14）2017年荣获金融管理学院千日成长金鹰引航朋辈互助"文明寝室"；

（15）2017年荣获金融管理学院千日成长金鹰引航朋辈互助"技能全能之星"称号。

个人感言：耐心和恒心总会得到回报，让明天感谢今天拼命努力的我！

第八节 体育之星：陈楠

陈楠，男，来自国金162班学生，担任金融管理学院学生会体育部副部长和校体育舞蹈俱乐部副会长。生命在于运动，歌德曾经说过：运动可以除去各种各样的疑虑，人从出生到长大的过程中，就已在运动中除去疑虑然后慢慢成长。

一、体育给了我自信

他从小喜爱体育，热爱运动，经常组织和参加各种体育活动，具有极强的集体荣誉感。他坚持参加体育锻炼和比赛，在校期间一直积极参加学校的运动会，赛风优良，服从裁判，能做到一切以集体的荣誉和利益为先，能够遵守学校各项有关规定；热爱祖国，热爱学校，热爱班集体，思想道德优秀，学习成绩合格，具有良好的思想政治素质；具有一定特长，丰富自己的业余生活。和同学一起代表班级参加比赛，并且获得了不错的成绩。篮球，不仅锻炼了他的身体，更重要的是，从中他学会了很多，篮球给了他信念，这种信念使他明白：即使知道不可能赢得比赛，但仍要拼到终场哨声响起的那一刻。因为在他的心中，那是"亮剑精神"："不管遇到多么强大的敌人我也要勇敢地亮出自己的宝剑，和他战斗，哪怕下一秒就会倒下；即使不能赢得比赛，也会成为一个令人尊敬的对手！"

二、体育使我出彩

进入大学，他便对体育舞蹈产生了浓厚的兴趣，并一直坚持到现在，从零基础到现在能完成套路组合，代表学校出去比赛，并获得了省赛、公开赛、锦标赛等的第一名，还参加了去年体育舞蹈协会举办的十周年活动，现在也是体育舞蹈协会的副会长。他知道，自己现在还是缺乏大量的训练，毕竟才学了一年半，曾经也想过放弃，但是体育舞蹈协会的氛围让他感到温暖，老师学长学姐不厌其烦地一遍遍教他，给他投来鼓励的目光，这让他更加坚定地要学习下去，为学校再争光。他知道，自己没有积累很多的硕果，但他更知道，困难压不倒坚毅，困难绝不是赢得怜悯的借口，更不会成为自卑理由。面对困境，只要挺直腰杆，坚定地迈出脚步，一切便可迎刃而解，前面的路才会更宽，更广。体育教会他要敢于做梦，一个人如果连想都不敢想，那么他的将来会单调，没有绚丽的色彩。

当然，运动只是他人生中的一部分，学习对他来说也是非常重要的。他也是一名品学兼优的学生，获得过优秀学生的荣誉，能够和同学一起学习，一起探讨，共同成长。丰富多彩的体育活动和良好的学习氛围，使他得到了不同程度的锻炼和考验。正直和努力是他做人的原则，不畏困难和挑战是他的追求，在他看来，所有的成绩和荣誉只能代表过去，不能代表将来。作为一名大学生，他认为也许自己的经验不足，但他愿意用时间证明一切，虽然自己不是最好的，但是他会是最努力的，努力用心一定能赢得光芒，绽放得精彩。

个人荣誉与获奖情况：

（1）2016 年 11 月荣获浙江体育舞蹈公开赛暨浙江省体育舞蹈锦标赛成人拉丁集体舞第一名；

（2）2016 年 12 月荣获浙江省第三届大学生操舞锦标赛艺术表演群舞第一名

（3）2017 年 4 月 JUST DANCE 浙江省学生体育舞蹈公开赛成人团体舞第一名；

（4）2016 年 10 月荣获浙江金融职业学院第十七届运动会男子 400 米第五、1500 米第三、十佳运动员

（5）2016 年 12 月荣获浙江金融职业学院冬季长跑接力赛团体第一；

（6）2016—2017 学年荣获三好学生；

（7）2016—2017 学年荣获校二等奖学金；

（8）2016—2017 学年荣获优秀共青团员；

（9）2017 年 10 月被授予浙江金融职业学院"金院学子阳光体育运动杰出贡献奖"。

个人感言：最可怕的是，比你优秀的人比你还要努力。所以，我有什么理由不去努力呢？

第九节　文艺之星：张德伟

张德伟，男，汉族，共青团员，1994年6月出生于浙江嵊州，2013年9月至2015年9月服役于中国人民武装警察部队广东总队清远市支队六中队，2016年9月考入浙江金融职业学院，任金融169班团支书。大一成为校体育舞蹈队队员、校茶艺队队员、军事爱好者协会会员。大二成为校体育舞蹈队宣传部部长、茶艺队核心成员。军训期间负责担任二十八连、三十二连教官。

自进入大学以来，始终秉承"严于律己，努力提高个人素质，做人认真负责；做事讲求原则"的方针，在各方面积极努力，脚踏实地，在做好各项工作的同时也起着模范带头作用。现将其大学主要事迹介绍如下。

一、学无止境，上下求索

学习是大学生最根本的责任，追求"学无止境"是一个优秀大学生的品质。自入校以来，学习上并没有因为基础比其他同学弱而气馁。始终把专业学习放在首位，虚心请教、踏实认真、积极奋进，且十分注重思想政治素养的学习和学习过程中的自我调整，努力提高自身综合能力和品质。与此同时，积极开展有利于专业学习和多方面知识拓展的活动，明确学习重要性，并在建设良好的班风、学风方面取得了较为突出的成绩，在做好学习的基础上，积极做好各项院里和班级的工作，配合班主任和班长开展文化建设、学风建设，组织开展有利于专业学习和知识拓展的活动，帮助其他同学共同进步。另外自己也积极参加学校以及学院的文艺晚会、元旦晚会、迎新晚会等活动。

二、博观约取，厚积薄发

人们常说："一个人先要养成会享受寂寞，才可以了解人生才体会到人生更高远的一层境界。"在专业技能方面，尤其是在技能练习方面，虚心向老师及学长、学姐请教，钻研如何进一步提高技能水平，坚信只有不断地超越，积极行动，鞭策自我，在失望的同时继续保持着希望，反省着自己，不断向前，向前，向前。过程是辛苦的，寂寞只是一时的，这是一个考验人生品质、实现人生理想的过程。而成果终究是喜人的，经过刻苦努力地训练，取得了质的飞跃。三项技能在期末考试当中均取得了优秀的成绩。

三、强身健体，打实根基

精彩需要漫长的等待。需要的是一份执着于自己内心深处坚定不移的信念去追求卓越的成绩，而优异成绩的取得需要强壮的身体条件作为后盾。因此，积极参加体育锻炼，并一直坚持着部队的良好习惯。日复一日，不管天寒地冻还是酷热当头，都准时出现在操场上，利用自己空闲的时间进行跑步、做单杠等体育锻炼，培养自己顽强的意志和强健的身体素质。积极开展体育工作，时常组织全班同学进行锻炼。军训期间依旧以一名军人的标准严格要求自己，积极地协助教官做好军训工作，所在班级的军训工作得到军训团领导的高度赞扬，并且带领班级同学在金融管理学院组织的拔河比赛中取得了第二名的成绩，被金融管理学院评为"体育之星"。

四、勤俭节约，自强不息

生活上，艰苦、朴素、乐观、开朗。部队生涯养成的艰苦朴素精神和良好生活习惯始终伴随着他成长。因此，在生活上比较勤俭，周末有时间就去外面做兼职，同时还参加了学校提供的勤工俭学工作，依靠自己的努力，解决生活所需。因为内心的目标明确，相信自己所做的一切都是有意义的，所以，无论遇到什么坎坷，都能保持满足、快乐的心态；通过这些实践，不仅锻炼了自己的能力，也为家里减轻了些许负担。个人良好的生活学习习惯及对自身的严格要求，但更可贵的是能够将自己的优异品质和艰苦朴素的生活作风感染身边的成员。引领示范，而且还以身作则带领寝室成员一起搞好寝室卫生工作，美化寝室环境，创建和谐、美好的寝室氛围，被学校评为"文明寝室"。

五、持之以恒，追求梦想

过去并不代表未来，勤奋才是真实的内涵。"机会只给有准备的人"是他一直秉承的人生格言，深信精彩需要漫长的等待。等待需要的是一种执着于自己内心深处坚定不移的信念。人生就像马拉松，获胜的关键不在于瞬间的爆发，而在于途中的坚持。成功就是多坚持一分钟，这一分钟不放弃，下一分钟就会有希望，每一步坚持与努力都向着自己选定的终点渐渐迈进。始终坚信，能够以"浙金院"作为人生启航的港湾，在学院领导、老师和同学的关心和帮助下，一定能够在"浙金院"这座温暖的港湾中快速成长、成材。在以后的学习、工作和生活中，将一如既往地发挥在部队培养的优良素质，继续发挥模范带头作用，传递并融合作为一名优秀军人及优秀大学生的优秀品质来点亮校园，挥动自己的奋斗之笔描以人生浓墨重彩之色续写更加美妙精彩的学习生涯。

个人荣誉与获奖：

（1）2013—2015年度荣获广东省总队清远市支队2015年度"优秀士兵"；

（2）2017—2018年度荣获第十三届中国大学生体育舞蹈锦标赛"标准舞-探戈"第三名；

（3）2017—2018年度荣获浙江省第四届大学生操舞比赛"校园维也纳华尔兹"第二名；

（4）2017—2018年度荣获浙江省第四届大学生操舞比赛"标准舞S-华尔兹舞"第二名；

（5）2017—2018年度荣获浙江省第四届大学生操舞比赛"标准舞S-维也纳华尔兹舞"第四名；

（6）2017—2018年度荣获杭州市第五届南宋斗茶比赛荣获"优胜奖"；

（7）2017—2018年度荣获军训期间带领所在连队荣获"队列优秀方阵""内务优秀排"个人荣获"优秀教官""四会教练员"；

（8）2017—2018年度带领所在团支部荣获"活力团支部"称号；

（9）2017—2018年度荣获金融管理学院"文艺之星"；

（10）2017—2018年度荣获金融管理学院"体育之星"；

（11）2017—2018年度荣获金融管理学院"十佳优秀退伍兵"；

（12）2017—2018年度担任体育舞蹈队宣传部部长；

（13）2016—2017年度荣获浙江省第三届大学生操舞比赛"校园维也纳华尔兹"第二名；

（14）2016—2017年度带领所在团支部荣获浙江金融职业学院"五四红旗团支部"；

（15）2016—2017年度带领所在团支部荣获金融管理学院"优秀团支部"；

（16）2016—2017年度荣获"优秀团干部"；

（17）2016—2017年度荣获金融管理学院"趣味运动会"第一名；

（18）2016—2017年度荣获金融管理学院"拔河比赛"荣获第二名；

（19）2016—2017年度荣获金融管理学院"团支书说团情"三等奖；

（20）2016—2017年度所在寝室荣获浙江金融职业学院"文明寝室"称号；

（21）2016—2017年度军训期间荣获"优秀学员"荣誉称号；

（22）2016—2017 年度运动会期间荣获"优秀方阵"荣誉称号；

（23）2016—2017 年度荣获寝室情景剧比赛荣获二等奖；

（24）2016—2017 年度荣获叠被子比赛荣获二等奖；

（25）2016—2017 年度赴丽水松阳暑期社会实践荣获"优秀团队"荣誉称号。

个人感言：过去并不代表未来，勤奋才是真实的内涵，深信精彩需要漫长的等待，为自己以后的学习生涯画上浓墨重彩的一笔。

第十节　实践之星：叶洪轩

叶洪轩，男，汉族，共青团员，浙江金融职业学院金融管理专业金融 163 班学生，任学院学生会副主席一职。思想上积极要求进步，性格开朗乐观，学习成绩良好，工作认真务实，为人谦虚坦诚，能够真正地为同学树立模范、起到带头作用。大学期间，该生先后获得"优秀学员""优秀干事""优秀实习生""优秀志愿者"等荣誉称号。

他始终坚信"宝剑锋从磨砺出，梅花香自苦寒来"。经过两年多的大学生活，在校、院领导及各位老师的悉心关怀、孜孜教诲下，在同学们的无私帮助下，无论是思想工作上还是学习生活上他都取得了很大的进步。浙江金融职业学院让他在人生的成长道路上逐渐成熟，同时更加培养了他坚韧不拔、一丝不苟、认真务实的性格，使他对人生有了更加执着的追求和信心！以下在思想、工作、学习、实践、生活等各方面的事迹表现整理如下：

一、思想上严格要求

自升入大学以来，他就以一名党员的标准严格要求自己，旗帜鲜明，立场坚定，坚决拥护中国共产党的领导。在思想上积极要求进步，有正确的人生观和价值观，入校后他就向党组织递交了入党申请书。同时，他积极关注时政，时刻牢记要保持自身的先进性，并且在各个方面都严格要求自己，在思想行动上为同学们树立一个良好的榜样，虚心求教，接受同学监督。

二、工作上认真负责

在工作方面，他始终保持着积极的热情、坚定的信念和强烈的责任心。从大一入学开始，就担任金融管理学院团总支新闻中心的干事与学生社区桃李苑21幢的层长一职。在平时的团总支与社区工作中，他认真务实，尽职尽责，踏实肯干，受到了院、校老师及同学们的一致好评！

在大一下期间，由于表现突出被任命为记者团副团长一职，在工作期间认真完成每一次社区工作的采访。在进入大二之时，因工作、学习等各方面成绩优异，他被学院聘为院学生会副主席一职，负责招生宣传与校友联络等工作，使得校园文化更加丰富，校友联络更加紧密。此时，他感觉到身上责任更重了，因此，他在各方面更加严格要求自己，力求自己做好模范带头作用，正确、积极地引导2017级新生尽快地适应大学生活。

三、学习上刻苦勤奋

从进入大学起，他一直把学习放在首位，清晰地意识到大学学习的自主性，因此，始终坚持"今日事，今日毕"的原则，积极投入到各门基础课和专业课的学习中，给自己明确学习目标并端正学习态度：课前，认真预习；课上，认真听讲，积极与老师配合；课下，勤于思考，及时高质量地完成老师布置的各项作业。要求自己统筹好学习与工作的关系，时刻提醒并要求自己在开展校内工作的同时要提高学习效率，绝不因为校内工作而落下学习。

四、在实践中锻炼提高自我

作为一名大学生，要做到全面发展，社会实践是必不可少的一部分。在2017年大一暑假期间，他成为金融管理学院暑期三下乡赴安徽休宁支教团的队长及宣传组组长，并带领团队攻克艰难的生活环境，完成好学院老师托付的支教任务，并在后期的社会实践评比中，荣获一项国家级团体奖项和两项国家级个人奖项以及三项校级团体奖项和五项校级个人奖项。这次暑期支教活动让这支主要以入党积极分子为主思想，弘扬中华民族无私奉献的传统美德、展示青年志愿者的风采、树立当代大学生的形象。

2017年7—9月及2018年1—2月，分别在中国光大银行和乐清农商银行完成了假期实习的工作任务。在两次实践过程中，自身得到很大的收获，对自己所学的专业有了进一步地认知和了解，同时对今后的专业课的学习起到了很好的导向作用。在实习结束后得到了行长与经理的一致好评，并获得了优秀实习生的称号。

在课余时间仍然有效地利用起来，参加了多次社会志愿者服务，如钱塘江

"平安观潮"志愿者、乐清市平安办"扶贫下乡"志愿者、爱心公益联合会"义卖扶贫"志愿者等。在这些公益志愿服务活动中，该生认真完成好活动经办过程中的每一件事情并完成了宣传与推广的工作，有效地提升了社会实践的工作经验，在朋友圈等展示自我的方式中，树立了榜样精神。

五、崇尚健康文明生活

在生活方面，叶洪轩同学性格开朗，严于律己，宽以待人。身为寝室的寝室长，又是学生干部，他带头做好宿舍的卫生工作，杜绝一切不良的生活作风，主动关心同学，帮助同学解决问题。平时善于和同学沟通，也乐于帮助同学，在生活中建立了很好的人际关系，获得了大家的尊重和支持。他拥有积极向上的生活态度和广泛的兴趣爱好，经常参与一些社会活动，为学院和班级争得荣誉，同时在社会实践和团体协作方面积累了许多经验，形成了较好的组织管理理念。同时也加强了自身的团队合作精神与社交能力，更加注重团队合作和集体协作。

他表示今后会加倍努力、扬长避短、化成绩和荣誉为动力，继续拼搏，再创佳绩，用实际行动来回报领导和老师的信任和期望。成绩只能代表过去，"实力和自信"才是他进步的动力，对自己的未来充满希望。他坚信：只要自己不放弃，就一定能获得更加辉煌的成绩。

个人荣誉与获奖：

（1）2017年赴安徽休宁社会实践项目入选团中央"真情实感志愿者"；

（2）2017年赴安徽休宁社会实践项目入选团中央"优秀视频奖"；

（3）2017年荣获浙江金融职业学院暑期社会实践"优秀团队"荣誉称号；

（4）2017年荣获浙江金融职业学院暑期社会实践"先进个人"荣誉称号；

（5）2017年度荣获金融管理学院"实践之星"荣誉称号；

（6）2017年度荣获金融管理学院"文艺之星"荣誉称号；

（7）2017年度荣获浙江金融职业学院千日成长工程学科竞赛奖；

（8）2017年荣获浙金院金融管理学院"优秀干事"荣誉称号；

（9）2017年荣获金融管理学院第六期银雁班优秀学员；

（10）2016—2017学年荣获浙江金融职业学院"社区工作之星"荣誉称号；

（11）2017年荣获浙江金融职业学院第五届希冀杯原创话剧大赛一等奖；

（12）2017年荣获浙江金融职业学院"在金院遇见更好的自己"摄影大赛二等奖；

（13）2017年荣获浙江金融职业学院第二届党史竞赛二等奖；

（14）2017 年荣获浙金院金融管理学院"煮酒论英雄，言语辩高下"新生辩论赛亚军；

（15）2017 年荣获浙江金融职业学院第九届职业生涯规划大赛三等奖；

（16）2017 年取得浙江省高等学校计算机 1 级证书；

（17）2018 年荣获浙江金融职业学院寒假社会实践"先进个人"荣誉称号；

（18）2018 年荣获考取浙江省大学英语 3 级证书；

（19）2018 年荣获考取普通话水平测试二级甲等证书。

个人感言：命运就像自己的掌纹，虽然弯弯曲曲，却永远掌握在自己手中。

附录一
军中绿花卫国为民　校园楷模引领成才

——浙江省十佳大学生提名奖获得者郑伟杰

郑伟杰，男，汉族，党员，1994年7月出生，浙江江山人，2011年12月至2013年12月于武警北京北队服役，现为浙江金融职业学院金融管理学院农金141班学生。曾是金融管理学院学生会副主席，是银领学院杭州联合银行订单培养的学生。

他，出生在军人世家，军营橄榄绿是他儿时的梦想；他，抗洪抢险，火线入党，无愧军中骄子称号。

他，走进大学校园，刻苦钻研，学业成绩优异；他，争当军训教官，以优秀的军人作风，担任2015级、2016级学生军训教官，为新生上好了第一课；他，担任校园巡逻队队长、校园义务消防队队长职务，倾情校园，帮助学弟学妹成长；他，参加公益活动，以志愿精神奉献社会。

1.红色熏陶萌生从军理想，他历经坎坷不惧磨难

郑伟杰自小就有很浓的军人情结，从爷爷、外公到叔叔伯伯，祖孙三代多少好男儿都穿起了绿军装。在家庭氛围熏陶下，郑伟杰对绿色军营有种天生的爱。2008年汶川地震后，郑伟杰每天都在新闻里看见来往穿梭的绿色军车，他的内心被军人无私奉献的精神所震撼，被那种置个人生死于度外的英勇气概所征服。

生活的困难，学业的压力，从来没有压倒过他的信念。一直以来，他就有着一种强烈的为国家为人民做出一番贡献的理想情怀。"参军报国"也是他的一个梦想，中国军人那些光荣伟大的历史事迹，事迹中所体现出的爱国、忠诚、奉献，深深影响着他。在参军之前，不少的同学都不理解他，作为班级排名前列的优等生为什么要放弃优异的学业选择去做普普通通的大兵？那么瘦弱的小身板又怎能受得了部队磨炼的艰辛？参军还是读书？他也曾犹豫徘徊，一边是自己儿时的梦

想，一边是自己的大好青春年华。也许是向外公爷爷这两位革命老红军致敬，也许是《士兵突击》的影响，让他最终选择了暂缓毕业而穿上心仪已久的绿军装。人生的道路有很多种，但他在高中时选择了投身军营，不仅是他自己内心对军旅的期盼和向往，更是为了心中那保家卫国神圣使命。

入伍两年，他克服了体能基础薄弱、工作经验不足等缺点，以最高的标准要求自己，以最高的纪律约束自己，化压力为动力，努力学习，刻苦训练。不负众望，由于出色的表现和认真负责的态度而获得上级的赏识和认可。三个月新兵连，他先后获得新兵营嘉奖。三个月后下到老兵连，他更是吃苦耐劳、顽强拼搏，努力训练、刻苦学习，用自己拼搏的劲头，出色地完成了国家领导人保卫任务，外宾访华安保任务。2012年2月全国两会安保、6月的政协常委会期间，他出色完成任务，获得"十八大安保勋章"；2012年北京突发特大洪水，他积极投入抗灾抢险第一线，多次帮助人民群众转移到安全地带，帮助营区周边居民排水，多次获得支队嘉奖；2013年，参加某大项任务，因表现突出，在军旗下立誓，火线入党，他成为一名光荣的中国共产党预备党员。

2013年12月，两年的军旅生涯结束了，他被评为"优秀士兵"，收拾行囊，望一眼生活奋斗了两年的营区，他退伍回到了学校。

2.身有本事能打胜仗，他以搏击的姿态鹰飞长空

2013年从部队光荣退伍，他通过了解，知道了省政府对于退役士兵可以参加单招单考进入大学继续深造。在六所可以报考的学校中，他选择了浙江金融职业学院。退伍后的他没有闲着，很快就找了工作，平时白天上班，晚上抓紧利用休息时间认真自学，终于在全省考试中以第六名的优异成绩进入到向往已久的浙金院学习，真正成了一名退役士兵大学生。

再次回到大学校园，面对当兵两年丢失的学习时光带来的知识落差，他没有申请任何一门课程的缓考，从周一到周五天天都起早摸黑穿梭于图书馆、自修室和实训室。"刚入学时他技能成绩班级倒数，专业成绩班级倒数，计算机操作更是弱得怕人。"班主任俞滨说。但曾经的军旅生活给了他掉皮掉肉不掉队的意志品质和不服输的精神，很快，他站了起来。高职院校学校非常注重理论知识与技能训练，这对他来讲完全是空白，但他每天坚持6点起床去教室早自习，从零起点开始，一点一滴，向学长学姐取经，从五笔到传票再到点钞，练技能把手磨出茧子。他时刻在脑海里提醒自己，不完成今天的目标就决不休息。每天晚上将班长工作做好，熄灯之后还点起台灯继续练技能。在整个大一期间，他去的最多的是图书馆和机房，每一次的小小进步都是他继续坚持的力量。为了带动全班的学习氛围，

他在班级里开展了特色的早读演讲和技能测试等活动，提高全班同学对于技能的重视程度，带动了一批同学练习技能。不到半年时间，他以总成绩班级排名第一的纪录刷新了退伍士兵的成绩记录。大二那年，他不仅提前修完了大三的部分课程，还考取了全国会计从业资格证书，获得校一等奖学金、银星励志奖学金、技能三项全优等荣誉，加入了校百名技能尖子班，他所在的班级也获得"最强凝聚班级"的称号，整体技能成绩排在全院前三。

3.志愿服务感恩社会，他始终保持军人的精神士气

两年的军旅生涯赋予了郑伟杰军人那坚韧不拔、百折不挠的气质，他也把这种正能量带到了大学的校园里，感召着身边一批批的同学。成为退役士兵后，他时刻坚持以军人的标准严格要求自己，在学习、生活、训练的点滴实践中，磨炼自己的兵味军味。

他积极参加了浙金院2015级和2016级近6000名学生的军训工作，每天，他是最早来到训练场的教官，在训练中，新生难免有偷懒的情况发生，他告诉新生骄兵必败，不要因为一点点成绩就沾沾自喜，要一直为自己树立更高更新的目标，如果放弃超越，就只能永远吃第一名脚底下扬起来的沙子。新生在他的带动下，全身心地投入到训练中，而作为教官的他即使是润喉片当作糖果可还是喊哑了嗓子，动作不标准就多次示范，两只脚磨得全是血泡，一碰就钻心地痛。就是这种永不服输的精神，让他不减训练量，从不因伤请假缺课。双脚留下的9个伤疤成了他意志如铁的见证。这样的付出让他所带的连队荣获学校"示范连队"的称号，他也被评为"优秀教官"。他还担任校国旗班副班长，坚持每天6点起床，集合国旗班队员，从立正、敬礼、踏步、起步、立定等每个细节动作抓起，对每个队员的单个队列动作进行纠正，通过严格的训练，增强旗手对国旗的敬重感，圆满地完成每一次升旗任务；他组建了校园义务消防队，负责平时校园消防器材的检修和维护；他担任了校园治安巡逻队队长，保护同学们的安全；

大二时，他当选为金融管理学院学生会副主席，分管对外的外联部以及对内的心理发展部，一个需要做好沟通协调，一个需要细致缜密，在他的带领下，部门成员在工作方法和执行能力上有了很大的提高。在校期间，他获得过"三好学生""优秀学生干部""十佳大学生""先进个人""优秀大学生""优秀退役士兵"等荣誉，在学院"千日成长工程""朋辈育人项目"的指引下，他带给学弟学妹们正能量。

作为一名贫困生，在校期间一直受到学校以及社会的助学金补助，他一直心怀感恩，所以，他连续两年参加暑期社会实践，用自己的能力去帮助社会上其他

人，在实践队伍中他担任队长一职，深入农村进行了金融知识的宣传，发放金融知识手册，上门为行动不便的老人进行反假币的辨别，帮助他们避免损失，同时购买学习用具赠送给当地的小朋友并进行了七天的支教。2015年，他被评为浙江省大中学生暑假社会实践"先进个人"。

4. 历经坎坷不惧磨难，他始终保持自强不息的阳光品质

2004年9月，母亲被查出腿部患有一种特殊的疾病，常年须靠药物维持，从此家里只能靠父亲打零工的微薄的工资生活。小小年纪的他独自挑起照顾母亲、操持家务的重担。家庭的贫困非但没有压垮他瘦弱的身躯，反而磨砺了他坚强的意志。接下来的高中两年，在亲戚朋友和老师同学的帮助下，他坚强地挺了过来，顺利入伍并在退伍后考上大学。入学后，郑伟杰独自一人承担学费和生活费，除了校内时间，他都在兼职打工。

郑伟杰深深懂得，自己能够走出困难，正是源于党和国家的关怀，社会的浓浓正气和老师同学的帮助。虽然家庭拮据，但他在学校里一直刻苦学习知识，积极参加活动。先后在校青年志愿者总会、院学生会、团委参加社会工作在这个过程中锻炼能力，结交朋友。读大一时，他积极参加公益活动，曾担任赴安徽黟县社会实践的队长，发起"农民工子弟学校支教""关爱空巢老人"等活动；上大二时，他组织小分队看望老红军、宣扬好传统；大三实习期间，他多次组织社会公益活动，进社区进行反假币宣传，主动为在校贫困生联系实习岗位，并建立了帮扶送学关系。

附录二

浙江金融职业学院金融系 2014—2018 年
学生获省市级以上奖项汇总表

附表 1　浙江金融职业学院金融系 2014 年学生获省市级以上奖项汇总表

序号	获奖项目名称	获奖时间	姓名	班级	赛事主办方	级别	获得奖项
1	全国银行业务技能大赛	2014.04	林佳滨	农金 121	全国金融职教委	国家级	团体第一、点钞个人第一
2	杭州市"优秀学生干部"称号	2014.05	沈范骏	金融 129	共青团杭州市委	市级	优秀学生干部
3	全国大学生英语竞赛	2014.05	陈杨杨、张玲钰	金融 121、金融 137	高等学校大学外语教学研究会	国家级	三等奖
4	浙江省高职高专辩论赛	2014.06	杨星星	国金 133	浙江省文明办、省教育厅	省级	团体冠军
5	第十三届浙江省中学生定向比赛	2014.11	徐陈燕	金融 123	浙江省教育厅	厅级	女子百米第三、中距离第三
6	第十三届浙江省中学生定向比赛男子	2014.11	王慧强	金融 123			团体赛第三名
7	第十三届浙江省中学生定向比赛	2014.11	周锦彬	金融 134			男子积分赛第四名
8	第十三届浙江省中学生定向比赛	2014.11	汤 青	金融 1310			男子团体赛第三名、男子百米赛第六名
9	浙江省 2014 年大学生艺术节	2014.09	星光艺术团	金融系	团省委、浙江省教育厅	省级	舞蹈类二等奖
10	浙江省首届操舞大赛体育舞蹈比赛	2014.11	戴佳佳	金融 128	浙江省教育厅、浙江省体育局	省级	伦巴舞乙组第一名、校园华尔兹团体第一名
11	浙江省首届操舞大赛体育舞蹈比赛	2014.11	黄佳琳、曹磊、朱琳	农金 131、金融 103、农金 132	浙江省教育厅、浙江省体育局	省级	校园华尔兹团体第一名

表 2　浙江金融职业学院金融系 2015 年学生获省市级以上奖项汇总表

一、学科竞赛类						
序号	获奖项目名称	获奖时间	获奖学生	班级	赛事主办方	级别	获得奖项
1	恒丰银行杯点钞比赛	2015.01	施玲佳	农金 142	恒丰银行	厅级	一等奖
2	恒丰银行杯点钞比赛	2015.01	叶嘉威	农金 142	恒丰银行	厅级	三等奖
3	浙江省第三届大学生汉语口语大赛	2015.11	毛哲楷	金融 142	浙江省教育厅	厅级	二等奖
4	全国高校演讲比赛	2015.11	毛哲楷	金融 142	中国大学生演讲与口才协会	国家级	三等奖
5	下沙新城第三届"文明杯"高校辩论赛（团体）	2015.01	王熊熊	金融 142	杭州经济技术开发区文明办、团工委、高校团委	市级	二等奖
6	2015 年全国大学生英语竞赛	2015.05	张虚平	金融 141	全国大学生英语竞赛组织委员会	国家级	一等奖
7	下沙新城第三届"文明杯"高校辩论赛	2015.01	曹睿阳	金融 141	杭州经济开发区精神文明建设委员会办公室、共青团杭州经济技术开发区工作委员会	市级	冠军
8	浙江省高职高专实用英语口语大赛（非英语专业组）	2015.12	张虚平	金融 141	浙江省大学生科技竞赛委员会	厅级	一等奖

二、文体类						
序号	获奖项目名称	获奖时间	获奖学生	班级	赛事主办方	级别	获得奖项
1	浙江省大学生田径运动会 100 米栏	2015.11	余星星	农金 141	浙江省教育厅	厅级	冠军
2	定向比赛	2015.05	孔翔华	农金 141			团体第一
3	2015 年浙江省第十四届大学生运动会－定向比赛女子乙组	2015.05	王雯雯	金融 142			第三名
4	亚太地区国际标准体育舞蹈锦标赛－成人女子单人单项组 L-R	2015.01	吴鸳飞	金融 143	杭州市富阳区体育舞蹈协会	市级	第二名
6	首届杭州经济技术开发区体育舞蹈公开赛－青年女人单人单项 L-C\青年女人单人单项 L-R	2015.11	杨龙	金融 143	杭州经济技术开发区体育舞蹈协会	市级	第五名
7	体育舞蹈青年女子单人单项	2015.11	徐祖琳	农金 141		市级	第一
8	拉丁舞 L-J	2015.11	王宁	农金 142		市级	二等奖
9	第三届中国杭州体育舞蹈公开赛成年女子单人单项组 L-R	2015.04	杨龙	金融 143	2015 第三届杭州体育舞蹈组委会	市级	第五名
10	下沙高教园区大学生阳光体育乒乓球比赛	2015.12	宋钢洁	金融 146	浙江下沙高教园区管委会办公室杭州经济技术开发区社会发展局	市级	二等奖

序号	获奖项目名称	获奖时间	获奖学生	班级	赛事主办方	级别	获得奖项
11	2015年下沙高教园区大学生阳光体育乒乓球比赛－校队组	2015.12	黄斯凡	金融144	浙江省教育厅	厅级	二等奖
12	2015年浙江省高职高专院校技能大赛"中华茶艺"竞赛暨全国职业院校技能大赛选拔赛	2015.05	叶双霜	金融141	浙江省大学生科技竞赛委员会	厅级	二等奖
三、综合素质类							
1	2015科普反邪教暑期社会实践（杭州市）	2015.01	陈亨	金融147	浙江省反邪教协会	市级	二等奖
2		2015.01	石丹妮				二等奖
3	浙江省大学生暑假社会实践	2015.12	郑伟杰	农金141	浙江省教育厅	厅级	先进个人
4	浙江省高校禁毒防艾知识竞赛	2015.11	邱昊卓	国金142	浙江省教育厅，浙江省禁毒委办公室、卫生计生委办公室，共青团浙江省委办公室	省级	三等奖
5	大中学生志愿者暑期社会实践先进	2015.09	邱昊卓	国金142	浙江省教育厅	厅级	"优秀团队"称号
6	浙江省"民生民意杯"第四届大学生统计调查方案设计大赛	2015.11	陈莹倩	金融142	浙江省教育厅、浙江省统计局联合举办	厅级	团体一等奖
7	"农业发展银行杯"暑期社会实践有奖征文活动	2015.11	陈莹倩	金融142	中国金融教育基金会、农发行联合主办	省部级	团体特等奖
8	浙江省暑期社会实践	2015.09	陈叶影	金融142	浙江省教育厅	厅级	优秀团队
9	浙江省最美图书馆活动	2015.12	谷露青	金融148	北京世纪超星信息技术有限公司	市级	一等奖
10			李洁				一等奖
11	浙江省第五届职业院校"挑战杯"创新创业竞赛团体	2015.11	陈莹倩	金融142	共青团浙江省委、浙江省教育厅、浙江省科学技术协会、浙江省人力资源和社会保障厅、浙江省学生联合会联合举办	省级	二等奖
12			王超	农金143			
13			张佳波				
14			曹恩军	农金142			
15			严佳瑶				
16			王郁婧	农金141			

表3　浙江金融职业学院金融系 2016 年学生获省市级以上奖项汇总表

序号	获奖项目名称	获奖时间	姓名	专业班级	赛事主办方	级别	获得奖项
1	高校禁毒防艾知识竞赛	2016.06	韩玲丹	金融 146	浙江省教育厅办公室、浙江省禁毒委办公室、浙江省卫生计生委办公室、共青团浙江防艾知识竞赛	省级	三等奖
2	浙江省大中小学师生禁毒防艾与食品卫生知识竞赛	2016.10	鲍诗婕	国金 152	浙江省禁毒委办公室、浙江省卫生计生委办公室、共青团浙江防艾知识竞赛	省级	三等奖
3	浙江省第十三届中学生运动会定向比赛－高校乙组女子	2016.03	王雯雯	金融 142	浙江省教育厅	省级	第六名
4	2016 年健康中国－嘉兴南北湖半程马拉松－迷你组个人	2016.10	张蕾婷	农金 142	嘉兴筋斗云、南北湖体育旅游开发有限公司马拉松赛组委会	市级	第六名
5	第三届全国大学生"三行情书"比赛	2016.08	罗雅丽	农金 153	壹大学传媒"三行情书"评审组委会	省部级	优秀作品奖
6	2016 "农业发展银行杯"大学生暑期社会实践有奖征文	2016.12	吴雨亭、陈爱娜、李镇旭、丁倩、许家齐、郑慧敏	国金 152	中国金融发展基金会、中国农业发展银行	省级	三等奖
7	"学生建功 G20 青春践行中国梦"高校反邪教暑期社会实践	2016.11	蒋寅	金融 157	浙江省学生联合会、浙江省反邪教协会、浙江省高等学校思想政治教育研究会	省级	先进个人
8	寒假社会实践活动	2016.03	王婷、姚春苗	金融 1510	共青团浙江金融职业学院委员会	地、市级	"优秀团队"称号
9	寒假社会实践活动	2016.03	杜金诺	金融 1510	共青团浙江金融职业学院委员会	地、市级	"先进个人"称号
10	2016 年浙江省科普反邪教暑期社会实践	2016.07	娄雨婷	金融 151	浙江省学生联合会、浙江省反邪教协会、浙江省高等学校思想政治教育研究会	省级	团体三等奖
11	全国大学生英语竞赛－D 类	2016.05	张凯微	金融 151	高等学校大学外语教学指导委员会、高等学校大学外语教学研究会	省级	三等奖
12	2016 年浙江省大学生英语竞赛－D 类	2016.05	俞桃梅	金融 154	高等学校大学外语教学研究会、高等学校大学外语教学指导委员会	省级	一等奖
13	2016 年全国大学生英语竞赛	2016.05	方榕洁	金融 159	高等学校大学外语教学指导委员会	省级	三等奖
14	杭州市经济技术开发区第三届大学生创业训练营暨创业大赛	2015.11	钟梦仪	农金 151	杭州经济技术开发区人事劳动社会保障局	地市级	三等奖

表4 浙江金融职业学院金融管理学院2017年学生获省市级以上奖项汇总表

序号	获奖项目名称	获奖时间	姓名	班级	主办单位	级别	获得奖项
1	浙江省文明主题大学生辩论赛	2017.04	马黎晶	金融153	浙江省大中学生校园文化节组委会	省级	冠军
2	浙江省高职高专院校技能大赛"中华茶艺"竞赛	2017.02	应佳婧	金融156	浙江省大学生科技竞赛委员会	省级	三等奖
3	2017年全国大学生英语竞赛	2017.05	赵嘉佩	金融151	高等学校大学外语教学指导委员会、高等学校大学外语教学研究会	国家级	二等奖
4			李呈怡	金融157			三等奖
5			钟梦仪	农金151			三等奖
6			王军	金融161			一等奖
7			金艺	金融162			三等奖
8			黄捷欣	金融169			三等奖
9			吴莹	金融169			三等奖
10			陆幸	国金162			三等奖
11	浙江省高职院校技能大赛"银行业务综合技能"竞赛－字符录入单项比赛	2017.05	李军	农金153	浙江省教育厅	省级	一等奖
12	浙江省高职院校技能大赛"银行业务综合技能"竞赛－手工点钞单项比赛		陈卓新	农金153			三等奖
13	浙江省高职院校银行业务综合技能大赛货币识假单项		张文武	金融1610			一等奖
14	浙江省第五届大学生中华经典诵读竞赛专科组	2017.10	王军	金融161班	浙江省教育厅	省级	一等奖
15	2017年大中专学生"三下乡"社会实践"千校千项"中荣获	2017.11	叶洪轩等	金融163班	团中央	省部级	先进团队
16			俞杨龙等	农金161班			先进团队
17			叶洪轩	金融163班			先进个人
18	"学子喜迎十九大,反邪实践谱华章"高校反邪教暑期社会实践	2017.11	陆幸	国金162班	浙江省学生联合会、浙江省反邪教协会、浙江省高等学校思想政治教育研究会	省级	先进个人

表5 浙江金融职业学院金融管理学院2018年学生获省市级以上奖项汇总表

序号	获奖项目名称	获奖时间	姓名	班级	赛事主办方	级别	获得奖项
1	全国大学生英语竞赛	2018.05	王军	金融161	高等学校大学外语教学指导委员会、高等学校大学外语教学研究会	国家级	特等奖
2	2018年全国大学生英语竞赛(NECCS)		王琳钰	国金161			三等奖
3	全国大学生英语竞赛		郑一凡	国金171			一等奖

续表

序号	获奖项目名称	获奖时间	姓名	班级	赛事主办方	级别	获得奖项
4	第三届全国大学生预防艾滋病知识竞赛	2018.12	黄莉	农金 171	全国大学生预防艾滋病知识竞赛组委会	国家级	优秀奖
5	全国职业院校技能大赛高职组银行综合业务技能大赛	2018.05	吴逸凡 李 军 张文武 杨声诺	金融 1710 农金 153 金融 1610	全国金融职业教育教学指导委员会	国家级	一等奖
6	全国大学生英语能力竞赛	2018.06	蒋韦飞	金融 177	教育部高等学校大学外语教学指导委员会、高等学校大学外语教学研究会	国家级	二等奖
7	全国大学生英语竞赛	2018.04	程宇珂	金融 172	教育部高等学校大学外语教学指导委员会、高等学校大学外语教学研究会	国家级	三等奖
8	浙江省第四届"东北证券同花顺杯"大学生证券投资竞赛（团体赛）	2018.04	刘力钢	金融 168	浙江省教育厅、浙江省大学生科技竞赛委员会	省级	一等奖
9	2018 年"杭州银行杯"浙江省大学生金融创新大赛（团体赛）	2018.09	刘力钢 徐伶俐 徐斌泽	金融 168 金融 168 金融 164	钱塘江金融港湾高等教育联盟	省级	三等奖
10	浙江省职业院校技能大赛高职组银行综合业务技能大赛	2018.04	滕璐瑶 牟安琪 叶泓海	金融 1710	浙江省教育厅浙、江省大学生科技竞赛委员会	省级	一等奖
11			吴逸凡 李 军 张文武 杨声诺	金融 1710 农金 153 金融 1610		省级	一等奖
12	浙江省第六届大学生中华经典诵读竞赛 - 专科组	2018.11	卓萌萌	金融 1712	浙江省大学生科技竞赛委员会	省级	三等奖
13	2018 年全国学生定向锦标赛 - 团队赛				中国大学生体育协会	国家级	第二名
14	2018 年全国学生定向锦标赛 - 中距离赛	2018.08	黄玉香	金融 166	中国大学生体育协会	国家级	第三名
15	2018 年全国学生定向锦标赛 - 混合接力赛				中国大学生体育协会	国家级	第三名
16	2018 年全国学生定向锦标赛 - 短距离赛				中国大学生体育协会	国家级	三等奖
17	第五届中华茶奥会	2018.12	何伊丽	农金 162	中华茶奥会组委会、中国国际茶文化研究会、浙江大学、中华供销合作总社杭州茶叶研究院、中华茶人联谊会、杭州市人民政府	国家级	一等奖

序号	获奖项目名称	获奖时间	姓名	班级	赛事主办方	级别	获得奖项
18	第五届中华茶奥会茶艺大赛团体创新	2018.12	张德伟 何伊丽 沈雨凡 沈歆炜	金融 169 农金 162 金融 162 金融 1711	中华茶奥会组委会、中国国际茶文化研究会、浙江大学、中华供销合作总社杭州茶叶研究院、中华茶人联谊会、杭州市人民政府	国家级	铜奖
19	2018 年全国学生定向锦标赛－定向百米赛	2018.08	黄玉香	金融 166	中国大学生体育协会	国家级	第八名
20	2018 年度青年摄影网"对焦你的爱，每一张都精彩"第二届青年摄影网大赛	2018.05	沈洋	农金 171	青年摄影网	国家级	优秀作品奖
21	2018"Just Dance"第四届体育舞蹈（国标舞）全国公开赛院校女子 6 人组	2018.06	吴程帆 钱维珍	金融 172 金融 167	中国体育舞蹈联合会、杭州经济技术开发区社会发展局、杭州经济技术开发区体育舞蹈协会	国家	第四名
22	2018 年浙江省高职高专院校技能大赛"中华茶艺"竞赛	2018.09	何伊丽	农金 162	浙江省大学生科技竞赛委员会	省级	一等奖
23	"建德苞茶杯"浙江省高职高专技能大赛"中华茶艺"竞赛－品饮茶艺	2018.06	沈雨凡	金融 162	浙江省教育厅	省级	二等奖
24	浙江省第十五届大学生运动会网球比赛－男子团体	2018.06	沈舟豪	金融 163	浙江省教育厅、浙江省体育局	省级	第三名
25	2018 年浙江省大学生健美操比赛暨第五届大学生操舞锦标赛－乙组标准舞多项组 S	2018.12	翁梦宁 钱维珍	金融 169 金融 167	浙江省教育厅、浙江体教育局	省级	第五名
26	当下月刊 全国六千元征文大赛	2018.01	袁梦	金融 164	甘肃省《当下月刊》杂志社	省级	一等奖
27	2018 年浙江省大学生健美操比赛暨第五届大学生操舞锦标赛－乙组标准舞团体赛	2018.12	张德伟 翁梦宁 钱维珍	金融 169 金融 169 金融 167	浙江省教育厅、浙江省体育局	省级	第二名
28	2018 年浙江省大学生健美操比赛暨第五届大学生操舞锦标赛－乙组标准舞 S-6 人集体舞						第一名

序号	获奖项目名称	获奖时间	姓名	班级	赛事主办方	级别	获得奖项
29	2018 浙江省大学生艺术节展	2018.06	陈荟如	金融 162	浙江省教育厅	省级	三等奖
30	2018 年浙江省高职高专院校技能大赛"中华茶艺"竞赛	2018.06	张德伟	金融 169	浙江省大学生科技竞赛委员会	省级	三等奖
31	2018 年浙江省大学生健美操比赛暨第五届大学生操舞锦标赛－乙组标准舞多项组 S	2018.12	张德伟	金融 169	浙江省教育厅、浙江省体育局	省级	第四名
32	2018 年浙江省高职高专院校技能大赛"中华茶艺"比赛	2018.06	沈歆炜	金融 1711	浙江省大学生科技竞赛委员会	省赛	三等奖
33	2018 年浙江省大学生健美操比赛暨第五届大学生操舞锦标赛规定 Street Jazz－团体	2018.12	朱天琦	金融 172	浙江省教育厅、浙江省体育局	省级	二等奖
34	浙江省第一届学生军事训练营理论考核	2018.06	黄奇浩	金融 172	浙江省军区学生军训工作办公室	省级	三等奖
35	浙江省第一届学生军事训练营理论考核	2018.07	陈紫璇	金融 173	浙江省军区学生军训工作办公室	省级	二等奖
36	浙江省第十五届大学生运动会排球比赛	2018.11	陈瑜	农金 182	浙江省教育厅、浙江省体育局	省级	优秀运动员
37	2018 年全国大学生象棋锦标赛（上海棋院）	2018.12	金新旭	金融 168	浙江象棋协会	省级	男子第九名
38	2018 年下沙第一届大学生象棋联赛	2018.04	金新旭	金融 168	中国计量大学	市级	男子第一名
39	浙江金融职业学院金融管理学院 2018 年赴安徽广德社会实践团	2018.11	张静雅	金融 177	人民网、团中央学校部、中国青年报	国家	强国一代新青年
40	2018 年"普惠金融、青春践行"大学生暑期社会实践有奖征文比赛	2018.10	王军	金融 161	中国金融教育发展基金会	准省级	三等奖
41			江宝健	金融 161			三等奖
42			傅冰儿	金融 161			三等奖
43			张珊源	金融 161			三等奖
44	2018 年中国电信浙江省分公司暑期实践优个个人	2018.09	陈露波	金融 166	中国电信暑期实践	省级	优秀个人

序号	获奖项目名称	获奖时间	姓名	班级	赛事主办方	级别	获得奖项
45	2018年"普惠金融，青春践行"大学生暑期社会实践有奖征文	2018.11	周云冰 饶大韩	金融164 农金171	中国金融教育发展基金会	准省级	一等奖
46		2018.11	饶大韩 陈茂莉	农金171			三等奖
47		2018.01	胡侨意	金融174			三等奖
48		2018.09	王健	农金173			一等奖
49	农村发展互联网金融的路径分析——以浙江省嵊州市贵门乡为例	2018.10	杨涌 陆家豪 陈苏焕 刘宽 俞婧	金融168 金融169 金融1712 金融154 金融173			三等奖
50	2018"杭州银行杯"浙江省大学生金融创新大赛	2018.12	周云冰 饶大韩	金融164 农金171	钱塘江金融港湾高等教育联盟	准省级	二等奖
51			饶大韩 陈茂莉	农金171			三等奖
52			胡时鹏 汪育锋 张智恩 潘雨星	金融169			二等奖
53			杨涌 刘宽 陈苏焕	金融168 金融154 金融1712			二等奖
54			刘力钢 徐伶俐 徐斌泽	金融168 金融168 金融164			三等奖
55			饶大韩 陈茂莉	农金171			三等奖
56			江宝健 王军	金融161			三等奖